南方軍政関係史料㊳

日本軍占領下の東ティモール視察復命書

—日本・ポルトガル両国当事者の記録—

龍 渓 書 舎

目　次

凡　例

1　日本側史料の旧漢字は、基本的に新漢字に改めた。漢数字を一部算用数字に変更した場合もある。また長文の文章には適宜句読点を付した。

2　ポルトガル側史料2には、文中（?）が多数使われているが、前後の脈略から事実関係あるいは文意が明白な場合は、これを削除した場合もある。本史料は最終報告のための草稿とも思われ、そのために（?）が多いと考えられる。

3　現在（2005年8月時点）の日本では「ティモール」の表記が一般的であり、「解題」もそれに準じている。他方戦時期の日本では基本的に「チモール」が用いられていた。そのためポルトガル側史料の訳出にあたっては、日本側史料と平仄を合わせるため、「チモール」に統一した。

4　史料中の〔　　〕内は、編者による補足ないし注記を意味をしている。

解　　題

（後　藤　乾　一）

本史料集は、東ティモール日本占領期史料フォーラム*（トヨタ財団助成、2003年7月発足）の成果発表の一部として刊行されるものである。ここに収録された諸報告書は、いずれも第2次世界大戦末期の1944年3月、当時日本軍の事実上の占領下に置かれていたポルトガル領ティモール（現東ティモール民主共和国）を視察したポルトガル政庁マカオ総督秘書長シルヴァ・エ・コスタ（Silva e Costa）大尉のティモール視察に関与した日本側、ポルトガル側当事者の記録である。

第1部日本側史料の冒頭に紹介する曾禰益「『チモール』島旅行記」は、外務省政務局第二課長としてコスタ大尉の視察に同行した外務官僚の視察記録である。第2の淀川正樹「『チモール』島ニ於ケル葡国政府派遣視察員『コスタ』大尉ノ動静ニ関シ報告ノ件」は、駐ディリ総領事として視察員受け入れの実務を担当した日本側現地責任者の記録であり、曾禰報告と表裏一体をなすものである。また第3の史料は、視察を予定されていたコスタ大尉とのやりとりを想定して、外務省当局が事前に作成したものである。

以上日本側の諸記録（外務省外交史料館所蔵、A.7.0.0.9-36-1、大東亜戦争関係一件、太平洋印度洋所在中立国諸島問題「葡萄諸島（チモール）問題」）に対し、ポルトガル側の史料は、コスタ大尉が視察後本国政府に提出した諸報告の内、中核的な位置をしめる3種類の史料を訳出したものである。従来、コスタ報告の存在は研究者の間で知られてはいたものの、記録の詳細についてはほとんど紹介されておらず、その意味でも東ティモールをめぐる戦時日本・ポルトガル関係の複雑な実態を解明する上できわめて貴重な史料である。ただ一言付言するならば、日本側、ポルトガル側双方の史料とも、政府レベルの交渉に関するものが主であり、そのため戦時期の東ティモールの人々が置かれた社会的、経済的状況については二次的な情報しか得られないのは、若干残念である。

なおこのポルトガル側史料は、本史料フォーラムのメンバーの一人ジェフリー・ガン氏（長崎大学経済学部教授）が、2004年４月、リスボンの国立文書館で複写を許されたものであり、翻訳に際しては、駐日ポルトガル大使館の日置圭一氏の全面的な協力を頂くことが出来た。

１　戦前期日本・ポルトガル関係と「ティモール問題」

2002年５月、約４半世紀におよぶインドネシア支配を断ち切り今世紀最初の独立主権国家として誕生した東ティモール民主共和国の独立までの過程は、文字通り国際関係の荒浪に奔浪されたものと形容できる[(1)]。とりわけ第２次世界大戦以降60年間の変化は、それ以前の５世紀近いポルトガル支配期の〝静謐〟と比較し、きわめて対照的である。いうまでもなくポルトガル領ティモール（以下、便宜上東ティモールと記す）のこの変化にとって、開戦前夜の日本の南進政策および戦時期の日本軍占領は、重要な起点をなすものであった[(2)]。

19世紀末以降、アジア太平洋地域の大国として域内国際関係に登場した日本にとって、バンダ海に浮かぶポルトガルの小植民地東ティモールが政治経済的、軍事的な関心の対象となることは、1930年以前はほとんどなかった[3]。しかしながら、国際連盟脱退（1933年３月）を契機に、日本は次第に欧米主導型の国際秩序に異を唱えるようになり、列強の植民地体制下にあった東南アジアへの進出を国策として位置づけるようになる（1936年８月、五相会議決定「国策ノ基準」）。最終的にはオーストラリアまでを視野に入れた「大東亜共栄圏」構想へとつながるこの南進政策の中で、人口50万人弱、四国ほどの面積の東ティモールに対しても、熱い視線が向けられるようになる。

国際連盟脱退から１年３カ月後の1934年６月、駐リスボン笠間杲雄公使は、本省への公信の中で「「ティモール」島ハ亜細亜ト豪州トノ間ニ介在シテ軍事上、交通上特ニ重要ナル地位ヲ占ム」[4]と書き送ったが、この頃から東ティモールにはある種の戦略的意味づけがなされ、同島周辺海域は日本では「豪亜地中海」という地政学的呼称で知られるようになった。また、上述の笠間公使の認識が表明された同じ1934年、外務省がとりまとめた『葡領「チモール」植民地事情』は、「此処は葡萄牙本国、殊に其の旧同盟国である英国に対して将来太平洋に於て勃発の可能性ある関係各国間に於ける太平洋争奪戦に対し実に重要な地位を占めて居る」[5]と明確な位置づけを行っていた。

このような地政学的関心が東ティモールに向けられる中、とりわけ具体的、実践的な関心を示したのは海軍であった。南進論の主唱者である海軍からみれば、東ティモールは日本の南進の最重要対象地であった蘭領東インド（蘭印、現インドネシア）の東部の中央部分に位置するだけでなく、オーストラリアにも隣接し、かつそのことでアジアにおけるイギリス植民地支配の拠点シンガポールと自治領オーストラリアを分断する位置にあった。

さらに日本海軍には、ティモール島内および周辺海域には豊富な石油資源—蘭領東インドとは比すべくもないが—が埋蔵されているとの判断があった。

他方、1930年代後半に入り、ワシントン、ロンドン両海軍軍縮条約から相次いで離脱した日本海軍に対する欧米主要国の警戒心には、きわめて根強いものがあった。そのため海軍は、東ティモールへの南進に対しても自らこれを遂行するのではなく、「南の満鉄」と形容された海軍系国策会社・南洋興発株式会社を〝ダミー〟としての進出を試み、1937年秋以降、弱小の東ティモール経済に大きな影響力を行使することになった。

1939年９月、第２次世界大戦が勃発し、ヨーロッパ戦線での同盟国ドイツの軍事的優勢を背景に、日本の南進政策は加速し、対豪作戦の拠点と位置づけられた東ティモールに対する関心もかつてないほど高まった。とりわけ二つの対東ティモール施策が重要な意味をもっていた。

第一は、横浜と国際連盟からの信託委任統治領パラオを結ぶ定期航空路を東ティモールにまで約2,500キロ拡張したことである。この件についての要望は、1940年４月に初めてポルトガル政府に提出され、イギリス、オーストラリア、オランダ等関係諸国からの強い反発があったものの、特殊法人大日本航空株式会社による計７回のパラオ＝ディリ（東ティモール首都）間試験飛行を経て、開戦わずか二カ月前の1941年10月13日、日本・ポルトガル航空協定が調印された(6)。

それに先立つ10月１日、枢密院第一議会でこの航空協定が審議されたが、説明にあたった堀江季雄書記官長は「「チモール」島ガ帝国ニ執リ軍事上、経済上及政治上特殊ナル地位ヲ有スルニ鑑ミ本件協定ノ締結ハ蓋シ機宜ヲ得タルノ措置ナリ」[(7)]とし、本件を原案通り可決すべきことを提議した。それを受けて第一議会は、「全員起立」により日ポ航空協定に賛意を表したのだった。

第二の施策は、この航空協定の直前に在ディリ日本総領事館が開設されたことである。敗戦と共に閉鎖され日本外交史上最も短命な領事館であったが、それだけに日本の戦時外交、とくに戦時日本・ポルトガル関係の特異性の象徴でもあった。本史料集に紹介する3人の報告書の作成者にとっても、このディリ日本総領事館は接触点となる場であった。

日本側は、こうした一連の施策はあくまでも「純然たる商業航路」「通常の外交関係」の具体化であると主張したものの、この海域に深い利害関係をもつオーストラリア、イギリス、オランダなど連合国側は、日本の政策意図に強い不信感を抱くようになった。1941年11月7日付の駐バタビア（現ジャカルタ）英総領事が本国へ送った次の報告からは、当時の東ティモールをめぐる緊迫した国際関係の一端がうかがわれる[(8)]。

「パラオとディリを〔空路〕結ぶという日本の計画の背後にある目的は、たんなる通商目的ではない。同時に日本は大規模な航空基地をディリに建設することを〔ポルトガル政府に〕認可されるだろうと恐れる必要もない。彼らはそれを求めて努力するだろうが。対日戦の場合—蘭領とオーストラリアは巻き込まれるであろう—ディリを占領せんとする日本の企図に機先を制することが必要〔傍点、引用者〕である…ヨーロッパやマカオでのポルトガルの立場は快適なものではなく、ドイツや日本が「電話ごし」の命令でポルトガルの主権を奪うことができると広く言われている。この立場故にポルトガルは、ヨーロッパではドイツ、極東では日本にきわめて丁重に接することになる。……最近のディリの日本総領事館の開設は―たとえ日本人の活動が都市部に限定されているとはいえ―疑いもなく、オーストラリアと蘭印にとって第一級の戦略的重要性を有する領土への日本の浸透という深刻な危険をもたらすことになる。」

このイギリス総領事の報告にもみられるように、今次大戦において中立を標榜したものの、ヨーロッパの小国ポルトガルは、枢軸国側の〝ゆさぶり〟に対してきわめて脆弱な立場にあった。とくにポルトガルは、東ティモールよりはるかに重要な植民地マカオに対し、日本が軍事的な圧力をかけてくる可能性を強く危惧していた。事実、ポルトガル側が恐れていたように、日本は東ティモールでの石油コンセッションを獲得すべく、マカオへの圧力を強める可能性を婉曲に示唆していた。たとえば1940年４月、日本はもしポルトガル側がティモールで日本を満足させられないならば、マカオに圧力をかけポルトガルを駆逐する可能性も否定し得ない、とマカオ総督および駐日公使に通告している。対ポルトガル外交交渉におけるこうした一連の〝マカオ・カード〟を切った結果、４月17日、駐リスボン米沢菊治公使は有田八郎外相宛て公信において、ポルトガル植民地大臣は、東ティモールにおいて石油を除く鉱業資源の開発、ティモールのシー・ルートおよび航空路の確立の三分野において、日本の協力を歓迎することに同意した、と報告したのであった[(9)]。

当然のことながら、連合国側はこうした中立国ポルトガルの対日融和政策は、「豪亜地中海」海域における自分たちの、とりわけオランダ（蘭印）、オーストラリアの安全保障に対し、重大な直接的脅威をもたらすことを憂慮した。こうした中で1941年12月８日、「大東亜戦争」が勃発するや、イギリス（英連邦）、オランダはただちに対日宣戦を布告した。そして同年12月17日、イギリス（オーストラリア）、オランダ軍約1,500名が東ティモールに進駐し、領事館関係者７名を含む在留邦人31名（南洋興発株式会社、大日本航空株式会社社員が主）を〝敵性国民″として監禁した。結果的にみると、前述した駐バタビア英総領事が表明した「ディリを占領せんとする日本の企図に機先を制する」政策が具体化した形となった。

戦時中立を標榜しながらポルトガルが連合軍の軍事進駐を阻止できなかったことに対し—勿論ポルトガル政府は、英蘭軍の東ティモール進駐を中立侵犯だと一応の抗議をしたものの、武力を行使してまでそれを阻止する能力も意思も欠如していた—日本側では、それを奇禍として東ティモールへの軍事介入論が一気に高まった。当初日本側は、中立国ポルトガルを連合国側に回すことを恐れ、東ティモールに対する軍事作戦には慎重な空気が強かった。しかしながら軍の一部には、東ティモールと隣接する「蘭領（西）ティモール作戦」と連動させつつ、最終目標である「対豪作戦」の効果的な展開のために、東ティモールを確保するための軍事介入を求める声も強かった。結果的にみると、連合軍側の東ティモール進駐は、日本軍側におけるこうした東ティモール軍事侵攻路線へ大きなはずみをつける形となった。

開戦直後の「豪亜地中海」におけるこうした国際環境の変化は、当時の日本の世論をして史上初めてともいうべき大きな関心を東ティモールに向けさせることになった。たとえば『朝日新聞』(1941年12月20日社説）は、東ティモールへの積極的な武力南進を示唆しつつ、こう論評を加えた。

「今回の豪州軍および蘭印軍のチモール島占拠は、法的にはなんらの理由をあげえないものであって、一に不法なる軍事的意図に基くものである。英国のかかる仕業は常套手段であるが、ただ本国亡べる蘭印が、臆面もなく英国の尻馬に乗り、厳正中立国の領土に対し、侵入を敢行した点が、特に吾人の注意を惹くのである。すでに蘭印みづからかかる不当行為を犯したからには、万一蘭印自体が軍事行動の対象となるやうな場合、抗議の余地はいささかも存しえないであらう。……今回豪蘭両国のチモール島占拠は南支におけるポルトガルの植民地たるマカオに対する吾人の関心を喚起せずにはおかないのである。東亜および南洋における彼等の属領が、わが大東亜戦争によって、早晩清算さるべき運命にあることは、必然の帰趨である。」

こうした背景および経緯の中で、1942年１月23日に至り、陸海軍中枢では東ティモールへの軍事作戦についての基本的合意が形成された。ただ軍事作戦の目的とされた「英豪蘭軍の掃討」が達成された後いかなる方針で臨むかについては、「葡側ニシテ中立ヲ保障スル限リ帝国軍隊ハ該地域〔東ティモール〕ヨリ撤退スルモノトス」との慎重論（陸軍）に対し、海軍側は「対豪作戦基地」を確保することとの関連で、東ティモールの継続的占領を主張した。この問題をめぐり両者間で「激論が展開」されたが、2月2日の大本営政府連絡会議において、両者の妥協の産物として「対蘭領『ティモール』作戦ニ伴フ対葡措置ノ件」が決定をみた[10]。そこでは海軍の主張する進駐継続が、次のような表現で書き込まれた。「葡領ニアル英豪蘭軍ノ掃討後ハ葡側ニシテ中立ヲ保障スル限リ帝国軍隊ハ該地域ヨリ撤退ス　但シ葡側ノ態度及全般作戦ノ情勢上已ムヲ得サル場合ニハ引続キ作戦基地トシテ使用スルコトアルヘシ。」

かくして1942年2月18日～20日にかけ、日本軍（南方軍第十六軍東方支隊）による軍事作戦が展開され、20日「頑強ナル敵〔英蘭軍〕抵抗ヲ排シ、1100〔時〕『デリー』飛行場、1200〔時〕市街ヲ完全占領」することになった[11]。同日には日本政府は、今次軍事行動は中立国ポルトガルの領土を侵犯した「英蘭軍兵力ヲ駆逐」するための「自衛」上の措置であり、「英蘭両国ノ国際信義ヲ無視セル行為ノ為多大ノ迷惑ヲ受」けたポルトガルの主権を侵害するものでは決してないこと、ならびにポルトガルが中立を維持する限り「自衛上ノ目的達成」後は「速カニ兵力ヲ撤収」するとの方針を内外に表明した。

しかしながら、ポルトガルの主権を尊重するとのそうした日本政府の声明にもかかわらず、日本は実質的にはその公約を反古にする形となった。南方軍は、「英蘭軍駆逐」後も山岳地帯を中心に連合軍（とくに豪軍）の反日ゲリラがあとを絶たないことを口実に、「日本軍葡領『チモール』ヨリノ撤退ハ同島防衛ノ見地ト葡側従前ノ態度ニ鑑ミルモ同意シ得ザル所ナリ」との態度で対応した[12]。このような日本側の、建前としてポルトガルの主権は認めるものの、実質的には占領を継続するとの二律背反に対し、ポルトガル側は東ティモールにおける主権を認めるというならば、それを裏づける具体的な策を示してほしいと繰り返し要求した。リスボン、東京を主要舞台としての、東ティモールにおけるポルトガルの主権をめぐる両者の駆け引きが、「戦時期東ティモール問題」の核心でもあった。

日本側は、実質的には東ティモールにおけるポルトガルの主権を制限し、宗主国的な権力を行使したものの（とりわけ1942年10月24日、総督が現地日本軍に対し、続発した現地住民によるポルトガル人襲撃からの保護を正式に要望して以来)、法律論的にはポルトガルの主権を尊重している事を示す根拠として、以下の3点を強調した。第1は、日本軍進駐に際し、「自衛ノ必要消滅セハ帝国軍ハ撤兵」するとの領土保全保障をポルトガル側に通告済みであること、第2は、日本は現地ディリに総督が引き続き駐在することを認め、かつ日本も開戦前から総領事を派遣し、両者間で通常の外交接衝がなされていること、そして第3として、日本側はポルトガル側が希望している東ティモールへの視察員派遣を容認していること、の3点である[13]。

2　コスタ大尉の東ティモール視察の背景

史料紹介に先立ち、今少し上述したポルトガル視察員派遣（日本側からみれば受入れ）の経緯をみておきたい。ポルトガル側は、総督以下自国の官民約600名が、日本軍の「保護」下に入った1942年10月以降、視察員派遣を日本側に要求していた。東ティモールが自国の主権下にありながらこうした要望を出すこと自体は、ポルトガル側にとって〝屈辱〟であったと考えられるが、日本側は、軍事的観点からの現地軍の強い主張もあり、それを一蹴してきた。とりわけ1943年3月12日には、駐リスボン公使が正式に「受諾不可能」の回答をポルトガル外務省に伝え、この件については今後「進ンデ交渉ヲ再開スルノ要ナシ」との方針を明確にしていた[14]。

このような日本側の強硬路線に重要な影響を及ぼしたのが、ポルトガル政府が1943年6月、イギリスとの間に結んだアゾーレス協定であった。ポルトガルは中立の原則を撤回することはなかったものの、ヨーロッパ、アジア太平洋地域双方の戦局の推移をみやりつつ、連合国側の勝利を次第に確信するようになっていた。こうした中でのアゾーレス協定の調印であり、これによりポルトガル西方約1,500キロの大西洋上に浮かぶアゾーレス群島中の一島を、英米両国が軍事基地として使用することが認められた。

日本政府は駐リスボン森島守人公使を通じ、このアゾーレス協定はポルトガルの中立宣言に反するものだと厳重に抗議した。これに対し、英米との関係強化で日本に対するバーゲニングパワーを強めたサラザール首相は、東ティモールにおいて自国の主権と行政権を侵害し、中立を蹂躙している日本は、道義的にも法律的にもポルトガルを批判する資格はないと一蹴した。さらに11月26日には、サラザールは議会においてティモール問題の解決を確約し、議会も満場一致で日本による「主権侵害、『ポ』人ニ対スル危害」を抗議するまでになった[15]。

他方、日本政府側はポルトガルへの不快感を隠そうとはしなかったが、同国政府が対日断交に踏み切ることだけは回避したいとの基本方針を固めていた。その最大の理由は、戦局が次第に悪化する中でリスボンが有するヨーロッパ情勢の情報基地としての重要性であった。そしてそのための対ポルトガル融和施策の一環として、かねてからポルトガル政府が要求していた東ティモールへの視察員派遣を原則的に容認することを、1943年12月22日、リスボン政府に正式に伝達した。これを踏まえ、経路指定、視察地域、滞在日数等につき、リスボン、東京で外交交渉が重ねられたが、東京の外務省は軍部（とりわけ現地軍）への配慮もあってか、交渉責任者森島公使に対し、「現地〔東ティモール〕ニ於テ到底許容シ得サル便宜供与方ノ言質ヲ与ヘフルルニ於テハ視察員派遣後ノ事態ヲ紛糾セシムルコト明カナルヲ以テ其点貴使ニ於テ充分御留意相成度ク…」と釘をさしていた(16)。

概略以上のような経緯の中で、ポルトガル政府代表の東ティモール視察が具体化されることになった。視察員として、1940年10月以来マカオ総督の秘書長を務めるシルヴァ・エ・コスタ陸軍大尉が任命された。駐マカオ日本領事館によれば、44歳のコスタは「親日人物トハ認メサルモ敵性色薄ク表面兎ニ角モ友好的ナリ」(17)と評された軍人であった。コスタ視察のほぼ全行程に同行した曾禰益も、コスタの第一印象を「温厚ナル植民地能吏ト見受ケラル英語ハ相当充分ニシテ意思疎通ニ便利ナリ」と評していた。他方、しかしながら、コスタ報告は曾禰を「非常に頭脳明晰」としつつも、「この人物は大変危険な存在であり…ただの一度も隙を見せることはなかった」と突き放した評価をしている。なお曾禰は、この視察からまもない1945年1月、政務局第一課長となり東郷茂徳外相を補佐し、ポツダム宣言受諾に向けての実務を担当した。また戦後の曾禰は、1947年5月、社会党片山哲内閣の官房次長等を務めた後1950年に政界入りし、1960年の民社党結成に際しては、初代書記長に選出されたことでも知られる。

付言するならば、曾禰は晩年の回想録の中でこの東ティモール視察を「おもしろい経験」であったとしつつ、ごく手短かにこう述べている(18)。

「昭和十九年（一九四四年）、もう戦局は末期的状態で大変なんだが、とにかく民間人のパイロットで軍の長距離爆撃機の操縦席の後の狭い所に、陸海軍からの二名と私の三人が乗って台湾に行く。台湾でマカオから来たポルトガルの役人を乗せてご苦労様にもセレベスのメナドに寄って、ポルトガル領のチモール島に行った。確かに日本の陸軍少将が占領軍司令官で威張っている。ポルトガルの総督一家がいるが、これがお客様みたいな格好をして捕虜になっている。そんな情況を視察して帰って来た。僕らの飛行機も連合軍の飛行機に襲撃されたらひとたまりもないわけで、ダバオに着いた時、僕らがその近辺を通ったパラオ島が襲撃され、日本の飛行機が全滅したのを聞いた。危い所だった。しかしポルトガルからの通報で僕らの飛行機だけは実際上安全を保障されていたのではないかと思うが、なんとも危険なことだった。」

注

＊　メンバーは以下のとおりである。ジェフリー・ガン、倉沢愛子、後藤乾一（代表）、塩崎弘明、高橋茂人、ブラッド・ホートン、山﨑功、山本まゆみ、吉久明宏。

(1)　松野明久『東ティモール独立史』早稲田大学出版部、2002年、は日本語で書かれた最も詳細な政治史である。

(2)　この問題については、後藤乾一『〈東〉ティモール国際関係史1900―1945』みすず書房、1999年を参照。

(3)　ワシントン海軍軍縮条約の調印とほぼ同時期に、オランダならびにポルトガル両国政府に送付された「太平洋方面に於ける和蘭国（葡萄牙国）の島嶼たる属地に関する同国の権利を尊重することを固く決意」する旨の公文も、日本の基本的立場を表明したものである。外務省外交史料館編『日本外交史辞典』1979年、34頁。

⑷ 在リスボン笠間杲雄公使発広田弘毅外相宛「『ポルトガル』国一般情勢送付」1934年6月30日（外務省外交史料館所蔵―A.6.0.0.1-7）。

⑸ 外務省通商局『葡領「チモール」植民地事情』1934年、1頁。

⑹ この間の経緯については、後藤乾一、前掲書、113-135頁を参照。

⑺ 「枢密院会議筆記」1941年10月1日、国立公文書館所蔵（2A15-10、枢ロ872）。

⑻ Consul-General H.C. Walsh to Principal Secretary of State for Foreign Affairs, Foreign Office, "no. 149. Secret", November 7, 1941 (National Archive of Australia, A981/1 Timor (P) 20).

⑼ Henry P. Frei, *Japan's Southward Advance and Australia: from the Sixteenth Century to World War II* (Melbourne University Press, 1991), p. 156.

⑽ 防衛庁防衛研修所戦史室『戦史叢書35　大本営陸軍部⑶』朝雲新聞社、1970年、324頁。

⑾ 『高松宮日記・第四巻』中央公論社、1996年、128頁。なお同日の『朝日新聞』（夕刊）は、同作戦を一面トップで報道し「英蘭兵力徹底駆逐へ、チモール上陸敢行、葡国領土保全ヲ保障」と伝えた。

⑿ 「葡領『チモール』視察員ニ対スル応酬資料」1944年2月（？）、外務省外交史料館所蔵。

⒀ 「葡領『チモール』ニ対スル葡国主権及行政実施ノ制限ニ関スル応酬要領」1944年2月、外務省外交史料館所蔵。

⒁ 註⑿と同じ。

⒂ 森島守人『真珠湾・リスボン・東京―続一外交官の回想』岩波新書、1950年、88頁。

⒃ 重光葵外相発駐リスボン森島守人公使宛「『チモール』問題ニ関スル件」1944年2月12日、外務省外交史料館所蔵。

⒄ 駐マカオ福井保光領事代理発重光葵外相宛「『チモール』問題ニ関スル件」1944年2月16日、外務省外交史料館所蔵。

⒅ 曽祢〔曾禰〕益『私のメモアール―霞が関から永田町へ―』日刊工業新聞社、1974

年、94頁。

謝辞

本史料集の刊行に際しては、日本側原史料の翻刻を許可下さった外務省外交史料館、史料提供の便宜をはかって頂いたポルトガル国立文書館、駐日ポルトガル共和国大使館に篤く御礼を申し上げたい。また「南方軍政関係史料」の１冊として本史料集の出版を快諾された龍溪書舎北村正光社長、そしてフォーラム活動を全面的に支えて下さる㈶トヨタ財団にも心よりの謝意を表したい。とくに1986年の「インドネシア日本占領期史料フォーラム」以降、20年にわたり東南アジア各国における日本占領期に関する「資料・文献・口述調査」という地味な作業に温かな理解を示してこられたトヨタ財団には、改めて深甚なる敬意を表する次第である。

第１部　日本側史料

1．部外極秘「チモール」島旅行記

昭和19年4月5日　曾　禰　記〔益〕

序言

今般葡萄牙国視察員澳門総督府官房長「コスタ」大尉ト同行シ同官ヲ誘導スル目的ヲ以テ葡領「チモール」島ニ出張ヲ命セラル。本旅行記ハ右出張報告書ト言フヘク余リニ印象記的ナル内容ヲ盛ルヲ以テ敢テ旅行記ト命名ス。

旅行記ノ内容ハ軍事極秘事項、人事ニ関スル機密ヲモ含ム一方全ク個人的ナル印象記トシテ役所的ニ見レハ無価値ナルモノヲモ包含シ居リ必スシモ目的的確ナラス上司ニ於カレテ暇ヲ見テ一読賜レハ幸甚ナリ。

第1．東京、台北、「マニラ」

〔3月〕10日　朝立川ヨリ出発ノ予定ニテ同地ニ向フ天候極メテ不良ニシテ雪ヲ交ヘタル降雨。

機長大蔵操縦士ハ大毎〔大阪毎日新聞〕ノ航空士ニテ飛行時間一万時間以上二十五年ノ経歴ヲ有スル老練家ナリ。

乗用機ハ陸軍重爆ヲ武装ヲ除キ輸送機ニ改造セルモノナルモ旅客機ノ設備全ク無ク、而モ行違ヒノ為飛行服ノ準備ナク座席モ無キニ寒サニ慄ヘツツ飛行スルコトヲ思ヒ若干悲観ス。

尚之亦行違ヒノ為荷物超過トナリ進物用「ウヰスキー」大部分ヲ積卸

シ午后悪天候ヲ冒シテ大阪ニ飛フ。

翌11日　午后二時迄天候ト睨メツコヲシ出発ト決定セルカ発動機故障ノ為引返シ更ニ一泊ス。

12日　朝出発、宮崎県新田原陸軍飛行場ニテ供油ノ上台北ニ直行安着ス。
総督府外事部ノ出迎ヲ受ケ北投温泉南方会館ニ泊ス、夜外事部太田管理課長ノ招宴ヲ受ケ「コスタ」一行カ九日夜最後ノ芸妓付ノ宴会ヲ為シテ十日朝「マニラ」向ケ出発セルヲ聞ク。
台北ノ気候ハ内地ノ五月初メニ相当シ物資豊富ナルニ驚ク。

13日　台北発「マニラ」安着。
「マニラ」「ホテル」〔マニラホテルか〕ニテ先着ノ「コスタ」、加藤中佐及細川書記官ト会ス。
「コスタ」ノ第一印象ハ温厚ナル植民地能吏ト見受ケラル英語ハ相当充分ニシテ意思疎通ニ便ナリ。
軍指令部ヲ訪問セルモ宇都宮〔太郎〕参謀副長上京中ニテ止ムナク吉田参謀ニ面会、敵国人宣教師抑留問題ニ付テハ談ヲ避ケ唯回教徒「クルバンガリ」利用問題ニ付中央ノ意向ヲ伝達スルニ止ム、和知〔鷹二〕参謀長〔軍政監兼務〕来客中ノ為面会出来ス艦隊指令部ニ岡〔新〕中将ヲ訪レ久濶ヲ叙ス、岡長官ハ例ノ如ク明快ナル口調ニテ皮肉タツプリト所感ヲ述フ、特ニ比島政府ト南京政府トノ比較、従テ我カ対比島政策ト対支政策トノ類似性等ニ関スル意見、海軍長官トシテノ任務—

飛行場建設ト潜水艦狩リ—比島中央銀行設立問題ニ関連シ原口顧問ノ人選ニ対スル酷評—田尻〔愛義〕公使「マニラ」在勤問題ニ対スル所感（本件岡長官ヨリ始メテ聞ク所ナリ）等。

大使館ニ於テ村田〔省蔵〕大使及森重参事官ニ面会ス。

夜「ホテル」ニテ本官等ノ名ニ於イテ「コスタ」ヲスキ焼ニ招待ス、尚翌朝寸暇ヲ見テ福島書記官ト所要連絡ヲ逐ク、特ニ公使来任問題ニ対スル大使ノ意向（原則トシテハ参事官ノ外ニ公使ヲ必要ト認メサルモ既ニ決シ居タル石井公使ナラハ貰ヒ度、今度ノ田尻公使ハ中央ヨリ相談ニ非ス押付ケテ来タルヲ以テ反対ノ意向）ヲ聴取ス。

第2.「ダバオ」、「メナド」、「アンボン」

14日　「マニラ」発、一行五名、「ダバオ」ニ安着、飛行場ヨリ悪道路ニテ一時間半「ダバオ」市街ノ「ダバオ」「ホテル」ニ着ク、出迎ヘハ輝部隊門松〔正一〕参謀、海軍根拠地隊司令部先任参謀及加藤総領事ナリ。

軍司令部ニテ門松参謀（先般上京シ本件視察問題ニ付打合タル人物）ヲ中心ニ打合ヲ行フ、司令部ニ於テ沼田（多稼蔵）参謀長及堅部隊（「アンボン」）森参謀長ト面会ス、前者ハ本官企画院在勤中ニ第一部長タリシ人ニテ旧知ノ間柄ナリ、後者ハ先般赴任ニ当リ陸軍中央部ヨリ詳細ニ本件視察問題ニ関シ訓命ヲ受ケ態々現地「チモール」ニ出張下検分ヲ為シタル人物ニテ騎兵出身ノ戦術ノ大家ト聞クモ極メテ温厚ナル紳士ナリ。

海軍根拠地隊司令官ハ南京ニテ熟知ノ代谷中将ニテ尚上海ノ同僚タル大谷中佐モ幕僚タリ司令部ニ儀礼的訪問ヲ為ス。

夜総領事主催ノ晩餐会ヲ水交社ニテ開催シ陸海軍幕僚出席ス、海軍専用ノ芸妓ノ「サービス」アリ。

15日　天候不良ノ為飛行場往復ヲ空シク為シタルノミニテ更ニ一泊ノ余儀ナキニ至ル。

飛行場ニハ俘虜ヲ使役シアリテ彼等ノ様子カ「コスタ」ニ見ラレタルハ大事ニハ非サルモ予メ注意スヘカリシ事ナリ。

軍人側ニ話シタルモ到底其ノ気持ヲ諒解セス止ムナシ。

「ダバオ」ニ於テ顕著ナル事象ハ陸海軍ノ対立相当尖鋭ナルコト之ナリ、右ハ恰モ青島、上海ノ如キモノニテ海軍ハ歴史的因縁ト先着順トニ物ヲ言ハシ陸軍ハ立チ遅レナルモ南方作戦ノ方面軍基地トシテ自由ニ手腕ヲ振ハントシ必然的ニ対立カ起リ居リ邦人ノ労力奉仕ニ付テスラ海陸相競フ有様ナリ、更ニ本官ノ旧同僚海軍大谷参謀ハ其ノ点特ニ有名ナル人物ナルカ同官カ輝部隊司令部ニ連絡将校トシテ勤務シ居ルハ可成リ問題ヲ尖鋭化スルニ寄与シ居ル如シ、陸軍側ニテハ今次ノ葡側観察員派遣問題ニ付テモ中央ノ鶴ノ一声アリタル上ハ極メテ寛大ナル取扱ヒヲ為サントシツツアルモ海軍側カ事毎ニ口喧マシキ注文ヤ制限ヲ附スルニ対シテハ憤慨ニ堪ヘスト為シ居レリ。

陸軍側ノ中央ノ意向伝達ノ結果ハ既ニ「ダバオ」ニ於テモ誠ニ見事ニ行届キ居ルヲ見タルカ右ハ更ニ「アンボン」及「チモール」ニ於テモ確認セラレタル所ナリキ、然レトモ右ニ拘ラス今般陸軍省係官及本官等カ同行シ来レルコトハ一層意思疎通ヲ完全ナラシムル効果アリタリト認ム。

尚「ダバオ」総領事館員ハ館長ヲ始メトシ貧弱ナル「ホテル」ノ間借

リ生活ニテ真ニ気ノ毒ナルヲ感セリ。

16日　「ダバオ」出発「メナド」ニテ給油ノ上「アンボン」ニ向フ予定ナリシカ「メナド」ニ近ツクニ従ヒ天候悪化シ「メナド」附近ノ「セレベス」島末端ニテ約一時間五十米ノ雲高ノ中ヲ低回シタルカ「ダバオ」ニ帰ル「ガソリン」無ク況ンヤ「アンボン」ニ直行出来ス、終ニ危険ヲ冒シテ島内ニ突入（標高千米ノ「メナド」富士アリテ極メテ危険ナリ）シ九死一生ヲ得テ無事海軍飛行場着、「メナド」市街ノ水交社ニ泊ス。

「メナド」市ハ文化的ニ発達シアリテ住民「ミナハサ」人タル「インドネシヤ」ノ主トシテ女子ハ「ミナハサ」美人トシテ「インドネシヤ」随一ナリト聞ク、華僑ノ勢力ニ侮ルヘカラサルモノアル如シ行政機関トシテハ「ミナハサ」州知事庁アリ。

海軍司政長官以下在勤ス、土地肥沃住民ノ文化モ高ク誠ニ将来有望ノ移民地ト見受ケタリ。

住民カ日本人ニ対シテハ必ス敬礼スルハ必スシモ海軍式ノ強制ニハ非サルヘキモ将来多数日本人カ移住スル場合等果シテ敬礼ヲ受ケルニ足ル人物ノミ選出シ得ルヤ大イニ考ヘサセラルル所ナリ。

施政ノ一端トシテ目ニ付キタル所トシテハ生活必要物資ノ配給制度相当徹底シ居ルコト、食糧自給態勢整備ニ重点ヲ置キ居ルコト等ナルカ某邦人新聞記者ノ談ニ依レハ海軍下士官出身ノ特別警察通称「特警」ナルモノカ原住民ヨリ鬼ヨリ恐レラレ居リ且又邦人ノ生活ニモ無用ノ干渉ヲ為シテ居リ「メナド」ノ邦人ハ一人モ永住ノ気持トナラサル趣ナリ、海軍地区ナルヲ以テ憲兵カ存在セス之ヨリモ甚タ素質悪キ無責任ナル「ゲー・ペー・ウー」化シ居ルモノノ如シ。

17日　天候不良ノ為更ニ一泊シ山中ノ温泉宿ヲ訪レ湖水ヲ一周シ海軍落下傘部隊ヲ偲フ、夜海軍警備隊指揮官タル若キ大尉ノ招宴ニテ芸妓ヲ見ル。

「メナド」ノ市街附近ニハ相当数ノ敵国人非戦闘員カ抑留サレ居リ男女別ノ抑留所ニ収容サレ居ル由ナルカ之ヲ訪ルル暇ナカリキ。

18日　「メナド」出発「アンボン」着、飛行場ニハ堅部隊主任参謀多田少佐及参謀部和田少尉ノ出迎ヲ受ク、両官ハ共ニ「チモール」ニ同行ヲ命セラレタルモノニシテ後者ハ外務省在外研究員（仏国）出身ノ主計少尉ナルカ情報将校ノ講習ヲ受ケ目下堅部隊参謀部ニ勤務中ナリ、本人ハ其ノ特技ヲ生カシテ勤務中ナレハ大イニ満足シ居リ本官トシテモ頗ル愉快ナリキ。

飛行場附近ノ兵站宿舎ハ椰子ノ葉陰ニ在ル「バンガロー」ニテ快適、海岸ノ温泉浴場トノ距離二丁許リナリ。

堅部隊司令部ニ挨拶ニ赴ク、司令部ハ最近迄「アンボン」市内ニ在リタルヲ引越シタル由ニテ密林中ニ在リ。

司令部高級参謀ハ昭和十五年本官カ通商局第三課長トシテ日蘇通商貿易協定交渉ニ従事中協力セル陸軍軍務課員タリシ高山大佐ナリシハ愉快ナリ。

今回ノ旅行中何レノ地ニ赴クモ必ス高級将校中ニ予期セサル知人ノ在ルハ本官ノ幸福ニ止マラス外務省トシテモ好都合ナリシモノト考フ。

堅部隊参謀長ハ既ニ「ダバオ」ニテ面接セル人、現地自活方針ノ適用ニ当リ直ニ現地ノ食糧等ヲ利用セハ南方ニ於テハ後方兵站ヲ煩ハスコト極メテ少ナクシテ足ル旨ノ意見ヲ述ヘラレタルカ右意見ノ末端迄ノ徹底化ハ特ニ緊要ナルヲ覚ユ。

司令部ニ於ケル打合ハ主トシテ「コスタ」ノ旅程ニ付テ行ハレタリ、右旅程ハ「アンボン」ニ於テハ一週間案ニテ作製サレ居タルカ「アンボン」到着迄ニ中央ノ命ニ依リ四日案ニ変リ居タリ、依テ本官ヨリ四日案ヲ日本側案トシテ一応「コスタ」ニ伝達スルモ本人カ何等事前ノ知識モ準備モナキニ之ヲ押付クルハ大局上不利ナルヲ以テ委細ハ「チモール」着後「コ」ト総督トノ打合ノ結果成ル可ク速カニ決定セシムル様取計ヒ度旨述ヘ司令部ノ同意ヲ取付タリ。

尚旅程ヲ成ル可ク速カニ確定スル必要ノ一ツノ理由ハ「アンボン」「チモール」間ノ飛行機カ武装重爆ニシテ右ハ堅部隊ニ於テ命令出来ス（飛行師団ハ方面軍司令官ノ区処下ニ置カル）極メテ厄介ナルコト之ナリ。

同夜細川書記官ヲシテ「コ」ト接恰セシメタルカ果シテ「コ」ハ二週間カ十日カ全然予定立タサルヲ以テ暫ク待タレ度旨ノ希望ヲ表示セリ。

今夜ハ空襲モナク安眠セリ。

第３.「チモール」

19日　武装重爆ニ乗リ換ヘ一行「アンボン」出発、大蔵機ハ「アンボン」ニテ一行ノ帰来ヲ待ツ。

途中無事「チモール」ニ到着、飛行場ニハ総領事、防衛隊高級副官（小林少佐）並葡側総督、副官、官房長ノ出迎ヲ受ク。

「コスタ」ヲ葡側ニ委ネ日本側ハ領事館向ヒノ兵站宿舎ニ止宿ス。

防衛隊長深堀〔遊亀〕少将ニ訪問挨拶ス同官ハ之亦昭和十二年日支事

変勃発当初上海ニ於テ面識アル人物ニテ都合良シ。

後総督官邸ニ赴キ挨拶ス総督ハ仏英語ヲ解シ貴族的人物ナルカ相当日本側トノ接触ニハ苦労シタルモノノ如ク今ハ相当腰カ低クナリ居レリ。

夕刻総督ノ訪問ヲ宿舎ニテ受ク。

日葡間ノ旅程、視察等ニ関スル交渉ハ先方ハ「コスタ」ニ於テ直接行フ形式ヲ執レルカ当方ハ総領事中心主義ヲ執リ淀川〔正樹〕総領事ニ於テ衝ニ当ル、「コスタ」トシテハ旅行中平素日本側ニ対シ不利ナル報告ハ書カス日葡親善ニ積極的ニ貢献スル如キモノタラシムル意向ナル旨、日本側ニ不利ナル情報ヲモ添ヘテ報告ハ事前ニ当方ニ内示スヘキ旨並ニ「コ」トシテハ客観性アル資料ノミ取揃ヘ意見ハ附セス澳門総督ニ提出スル意向ナル旨ヲ述ヘ居タルカ、彼トシテハ政治的責任回避ヲ本旨トシ唯本国政府及現地居留民ニ対シ相当充分ナル調査ヲ為シタリトノ申訳ヲ立テルコトヲ副目的トスルモノノ如シ。

之カ為モアリ「コ」ハ到着後直ニ淀川総領事ニ公文ヲ寄セ(1)葡側護衛ノミニテ視察出来得ル地点明示方並(2)葡側ニ対シ注文アラハ何ナリトモ内示方申越セルカ旅程ニ付テハ両三日後ニ非サレハ決定出来スト述ヘ淀川総領事トシテハ稍意外ノ感ヲ抱キタリ、之カ為日葡間交渉カ聊カ尖鋭化スル如キコトアラハ面白カラスト認メタルヲ以テ後記ノ如ク二十一日午前ニ至リ本官主トナリ旅程ヲ取纏ムルコトトセル次第ナリ。

20日　終日降雨ニテ葡側トノ交渉ヲ延引シツツ憂鬱ナル日ヲ送ル。

21日　午前旅程交渉ヲ取決ムルコト諸般ノ情勢上必要ナルヲ以テ淀川総領事ト共ニ「コスタ」及総督ヲ訪問シ大東亜大臣宛電報第〔原文四

字空白〕号ノ如キ会談ヲ行ヒ先ツ旅程ノ最大限ヲ取定メ二十六日午前出発トス、先方ハ長ケレハ長イ程結構ナルカ自分ノ責任ニテ短カクスルコトヲ回避セントシアリテ結局ハ日本側ヨリ「タイムリミット」ヲ定メラルルコトヲ希望シ居タルモノト見受ケラル、当方ヨリ一週間案ヲ切出シタルトキハ極メテアツサリト之ヲ受諾シ別段強制セラレタリトノ感モ抱キ居ラサル模様ナリキ。

視察可能地域ノ明定ノ件ハ何レモ自分ノ責任上及本国政府ノ命令ノ関係上是非公文ヲ以テ回答アリ度旨主張セルカ、右ニ対シ淀川総領事ハ口頭ニテ充分ナリト応酬シ「コ」モ亦最後ニハ口頭ニテモ止ムナシト述ヘタリ、正午総督ノ招宴ニ臨ム。

夕刻「コスタ」来訪一週間案ニ基キ充分ノ旅程案ヲ口頭ヲ以テ齎ス、先方ハ各地ヲ視察スルコトハ時間ノ関係上割愛シ単ニ「カ〔リ〕キサ」「マウバラ」ニ一泊スルノミトシ余暇ヲ以テ報告ノ聴取ニ宛ツル意向ナリ。

仍テ右ニ同意シ且「リキサ」等視察ニ当リ我方ノ護衛及同行者カ先方ノ調査ノ自由ヲ尊重シ之ト抵触セサルモノナルコトヲ説明シ置ケリ。

22日　午前防衛隊長ト共ニ鳩狩猟ニ赴ク、夜隊長官舎ニ於テ隊長ノ晩餐会アリ、隊長ハ挨拶ニ当リ日葡国交ノ歴史ノ長キコト今般ノ視察員派遣ニ付テハ現地軍指揮官トシテ之ヲ迷惑ニ思フカ本則ナルモ自分ハ却テ之ヲ歓迎スル気持ナルコト、現地日葡親善関係ヲ見テ「コスタ」ハ安心シテ帰ルコトヲ確信シ、葡本国モ光栄アル中立ヲ守リ通サレンコトヲ期待スル旨述ヘ、「コスタ」及総督ヨリ可然ク答辞アリ大イニ日本式ニ痛飲交歓ス。

23日　一行即、「コスタ」及副官葡側武装護衛兵曾禰、淀川、石井、細川、加藤中尉、多田参謀、和田少尉並憲兵及日本側護衛兵同時ニ出発、両地迄ハ乾季ナラハ一時間以内ノ行程ナルカ未タ雨季明ケ前ナル為河川氾濫シ自動車ノ渡河頗ル困難ヲ極メ四時間ヲ費シテ「マウバラ」ニ到着、途中「リキサ」ヲ通過セリ「マウバラ」ノ蘭〔葡〕人二百名「リキサ」四百名ナルカ蘭〔葡〕人ト言フモ大部分ハ混血児ニテ内ニハ純土民ノ女房モ居リ彼等ノ社会ハ大体血液ノ度合ニ依リテ階級カアルモノノ如シ混血ノ原因ハ葡人ノ女少ナク葡人男子ハ土民又ハ混血児ト同棲スル風習ナル為ノ如シ、猶右ハ単ニ葡人独身男子ノ私生活上ノ要請ニ基クノミナラス意識的タルト否トヲ問ハス人口少ナク繁殖率モ高カラサル葡人ノ血ノ本能、或ハ土民上層階級ノ育成トイフ如キ目的ヲ遂及シ居ルニ非スヤト感セシメラレタリ。

「リキサ」「マウバラ」ハ何レモ海岸ノ田舎町ニテ欧風ノ家屋カ点在シ純白ノ上層階級（屯営長等）カ最モ立派ナル家屋ニ一家族一室位ノ割合ニテ同居シ黒キモノ程繁殖率モ高ク十名位ノ混血児ト共ニ土民類似ノ—或ハ華僑中流以下ノ—茅屋ニ住居シ居レリ。

彼等ハ植民地ニ於ケル指導階級トシテ従来ヨリ自ラ耕作ニ従事シ或ハ労働ニ従事スルコトナリ総テ原住民ヲ使役スルコトニ依リ農園ノ経営等ヲ行ヒ来レルモノナルヲ以テ収容後ト雖モ旧来ノ慣習ヲ改メ少シテモ食糧ノ自給等ヲ図ラントスル意向ナク、只管日本側ノ配給及政府ノ生活補給金ニ依リ物資ノ購入ニ依存スルカ乃至ハ土民ノ建設ニ依ル農作物ノ補給ニ依存セントシ居レリ、之カ為食糧ハ彼等ノ水準ヨリ見テ必スシモ充分ナラザルハ勿論ナルカ去リトテ殆ント土民ト択フ所ナキ混血児カ日本軍兵士ヨリモ豊ナル生活ヲ営ムコトハ甚タ不自然ナルコト言ヲ俟タス。

尚最近ノ中央ノ意向ニ従ヒ現地日本側ニ於テ彼等ノ生活補助ノ意味合ヨリ海岸漁労区域ノ拡張、農園立入リ区域ノ拡張等ヲ実施セル結果多少物的生活ノ改善ニ資シタリト認メラル。

収容区域ト外界トノ遮断ニ付キ目下ノ処山手寄リノ境界ニ鉄条網ヲ張リ其ノ外側ニ日本警備兵トノ面会所（「リキサ」ニハ其ノ外憲兵派出所）アリ警備兵（現在一ヶ分隊程度ノ兵力）ハ更ニ其ノ外側ノ茅屋ニ住居シアリ、海岸ノ方ハ自然ノ境界アルノミ。

収容区域内葡人ハ所用ノ場合ハ警備兵ヲ通シ防衛隊本部ノ許可ヲ経テ外出証ヲ貰ヒ受ケ所定ノ時日内ニ限リ単独外出ヲ為スコトヲ得、此ノ点敵国人収容所等トハ素ヨリ大イニ相違シ居レリ、収容所内葡人ト日本軍トノ関係ハ円満ニシテ事故ナシ、但シ「マウバラ」警備兵分隊長ノ言ニ依レハ附近土民ハ多年ノ葡人トノ関係モアリ収容地域内葡人ニ対シ同情ヲ有シ居ル由ニテ又葡人側ハ日本兵ニ対シ（原住民ト異リ）敬礼ヲ為ササルコトニ対シ日本兵側ハ余リ好感ヲ有シ居ラサル模様ナリ。

尚収容地域ニハ先般来日本領事館員ヲ派駐スルコトトナリ既ニ富永副領事ハ「リキサ」ニ常駐シ居レルカ更ニ「マウバラ」ニハ領事館員ノ形式ノ下ニ軍側情報要員（「ブラジル」ニ在住セルコトアル軍属）一名ヲ派駐スルコトトナル如シ。

「リキサ」収容所ノ一部タル葡側病院ハ曩ニ米豪空軍ノ銃撃ヲ受ケ破損シ負傷者ヲ出シタル所ナルカ右ヲ現地ニ付調査セル所ニ依レハ病院ノ附近（百五十米）ニ日本軍警備兵宿舎タル茅屋存在スルモ右カ何等ノ損害ヲ受ケ居ラサルニ拘ラス三十米ノ低空ニテ三回銃撃ヲ加ヘタル

ハ屋根ノ赤十字及葡国旗標識ヲ現認シツツモ病院内ニ日本側軍隊又ハ軍事施設カ存在スルモノト誤信シ故意ニ攻撃ヲ為シタルコト疑ナシ、然ルニ右病院ハ日本側ニ於テ全然利用シ居ラサリシ為惨事カ発生シタル訳ナリ。

「コスタ」一行トハ「マウバラ」ニ於テ別レ日本側ハ警備兵及富永副領事ヲ除キ「リキサ」ニ帰リ同地警備兵舎ニ於テ昼食ノ後「チモール」ニ帰還セリ、「コスタ」一行ハ「リキサ」ニ一泊ス。

24日　「コスタ」一行早朝無事「リキサ」ヨリ帰還シ領事館ニ来リ調査ニ対シ完全ナル自由ヲ許容セラレタルコトニ対シ謝意ヲ表セリ。

「チモール」ノ市街ニ付一言センニ海岸通リハ役所銀行、旧日本領事館等アリ右ニ並行シ稍山手ニ最モ繁華ナル通アリタル如キ模様ナルカ現在ハ全部爆撃ノ為破壊セラレ極少数ノ家屋ヲ修理シテ日本兵ノ住居及軍事施設（倉庫ノ如キモノ）ニ利用シ居ル程度ナリ。

爆撃ノ惨害ヲ語ル建物ハ少ナクシテ多クハ爆撃後取リ片附ケヲ了シタル廃趾ナリ。

市中家屋ノ相当部分ニ住居セル華僑ハ目下市街地外ニ移転シ居レルカ其ノ数モ相当大ニシテ有力ナル商人及工業階級ヲ形成シ居ルコトハ流石ニ華僑ナル哉ト思ハシム。

葡側無線電台跡ヲ見タルカ電柱ノ基礎及電動機ノ一部ハ保存サレ居ルモ其ノ他ハ何処カニ離散シ跡方ナシ。

尚「コスタ」ハ廿二日夕刻総督ト共ニ淀川総領事ノ案内ニテ市中ヲ一巡セルカ其ノ荒涼タル有様ヲ見テ総督ト共ニ感慨無量ナリシ趣ナリ。

25日　終日為スコトナク退屈ス、淀川総領事ハ一ヶ年ノ在勤中現地自活主義ノ実践、野菜ノ栽培等ニ趣味ヲ持チ比較的愉快ニ田園生活ヲ送リ来レル模様ナルカ都会人タル細川新総領事代理ノ現地生活適応性ニ聊カ心配ナキ能ハス。

第4.「チモール」「アンボン」「ダバオ」「マニラ」

26日　「アンボン」ヨリノ重爆ノ飛来ヲ待ツ間町ノ公設市場ヲ見物ス、市場トイフモ単ニ屋根ノミ有スル「ホール」アリテ其処ニ毎日曜日原住民カ物資ヲ持チ来リテ殆ント物々交換的ニ交易ヲ為スノミナリ、現在ニ於テハ日本軍ヨリ石鹼「サロン」等ノ必需物資ヲ持チ来リ原住民ヨリ物資（主トシテ食糧就中果実野菜等）ヲ買上クルコトニ依リ市場カ成立スル訳ナリ。

原住民ハ「テトン」人種ト言ヒ「ニユーギニヤ」ノ「パプア」族ト「インドネシヤ」トノ中間的人種ナリ、体躯貧弱ニシテ原始農業ヲ営ミ天産豊富ナルヲ以テ交易経済ハ殆ント発達シ居ラス市場ニ持チ来ル物資モ各人極メテ少量ニシテ小馬ニ商品ヲ駄載シ来ルハ極メテ少数ニ過キス、酋長ハ「ラジヤ」ト云ヒ部落民ニ対シ絶大ノ権力ヲ有シ葡側モ「ラジヤ」ヲ相手トスル以外ニハ原住民ノ生活ニ干渉スルコトナカリキ趣ナリ。

住民ハ未開ナルモ温順ニシテ目下治安状態極メテ良好ノ如シ原住民ノ温順ナルコトハ葡側ニ於テ土民蜂起事件ニ関シ相当ノ疑惑（外部ヨリノ使嗾乃至謀略）ヲ持ツ所以ナルヘシ。

十時飛行場ヨリ出発深堀少将モ淀川総領事見送リノ名目ノ下ニ来ル、総督ハ本官等ニ対シ現地日葡関係ハ責任ヲ以テ処理スルニ付絶対ニ安心アリタキ旨述ヘ一方「コスタ」ハ離島ニ当リ細川新総領事代理ニ対シ今後ハ他人ノ媒介ヲ待タス直接亘細ニ亙リ総督ト交渉セラレ度キ旨並時折リハ「ブリッヂ」テモヤリテ欲シキ旨述フル所アリ。

葡側ノ別離ノ挨拶ハ「ラテン」人ラシキ誇張モアリタル如キモ真実相当「ドラマテイック」ナリ其ノ際ノ総督ノ態度ハ流石ニ立派ナルモノアリ稍見直シタリ。

正午総領事「アンボン」着往路ト同様温泉場ノ海岸ニ泊ス。

27日　悪天候ノ為更ニ一泊ス、夜軍司令部参謀部ノ好意ニ依リ原住民ノ男女青年ノ舞踊ト音楽トノ饗応ヲ受ク舞踊音楽共ニ日本ニ近キモノアリ。

「アンボン」人ハ「インドネシヤ」中最モ「インテリ」ニ属シ葡領時代ノ官吏ハ各地共「アンボン」人ナリシト聞ク

28日　多田参謀及和田少尉ト決別シ「ダバオ」ニ帰来ス、軍司令部ニ赴キ門松参謀及沼田参謀長ニ報告旁挨拶ヲ述フ、軍側ノ理解アル態度ハ本件視察ヲ円滑ナラシムルニ最大ノ寄与ヲ為セリ。

夜総領事主催ノ晩餐会アリ。

「コスタ」ハ「チモール」出発以来滞在期間極メテ短カカリシ為政府ノ命ニ反シ豪州ニ逃亡セル葡人ノ事情ヲ充分ニ調査シ単ニ総督府側ノ説明ノミナラス傍証固メノ意味合ヨリ民間人ヨリ署名アル陳述書ヲ取ル暇ナカリシヲ残念ナリト言ヒ居レリ、尚東京滞在ハ極メテ短期間トシ一刻モ早ク澳門ニ帰任シ総督ニ報告シタシト述フ、之ニ依リ同人ヲ東京ニ連レ同地ヨリ報告ヲ発セシメントノ吾人ノ企画ハ水泡ニ帰セリ、結局同人ハ自己ノ意見ヲ堂々ト述フル如キ人物ニ非ス従ツテ吾人ノ所謂内面指導モ施策ノ余地モ必要モナカリシ訳ニテ吾人ノ現地出張カ此ノ意味ニ於ケル効用ニ欠クル所アルハ止ムヲ得サル儀ナルヘシ、然レトモ現地軍側トノ円滑ナル接触ノ為ニハ決シテ無駄ニ非サリシヲ痛感シ聊カ自ヲ慰ムル所アリ。

29日　「マニラ」ニ帰来ス「シヨツピング」ヲ為シテ物価状況（上海ノ二分ノ一程度ナルヘシ）民情（往年ノ銀座ニ於ケル「モダンボーイ」「モダンガール」ヲ想起セシム）ノ一端ヲ知ル「ラウレル」大統領笛ヲ吹クモ民衆踊ラス福島書記官ト膝ヲ交ヘテ懇談ス、軍側カ動モスレハ比島政府側ノ能力ヲ問題トセス之ヲ鞭達スルコトスラ無効ナリトノ考ニ傾キ勝チナル点ハ憂慮ニ価ス。

「ロハス」起用問題ニ関スル「ラウレル」、村田大使間談合ノ経緯ヲ聞ク、本件ハ現地日本側ニテ「ラウレル」ノ希望ヲ容ルル以上ハ軍側カ飽ク迄比島政府ヲ鞭達指導スル根気ヲ持スルコト極メテ必要ナルヲ感ス。

夜「コスタ」ヲ主賓トシ大使ノ招宴アリ終リテ和知参謀長、宇都宮大佐ト会ス。

今般昭南総軍司令部カ「マニラ」ニ移転スルコトニ決シ（初夏ノ候ニ実行スル由）和知中将総軍作戦担当ノ参謀副長、宇都宮大佐ハ第二課長（情報）トナリ政務ハ現渡部隊（「マニラ」）参謀副長ノ一人タル小森田大佐トナル由、知ラス比島政府育成ニ当レル和知、宇都宮ノ手ヲ離レタル間政府ノ前途並大使館ノ地位如何比島側参戦強要問題ハ当然起リ来ルニ非スヤ、而モ其ノ際「ロハス」ヲ含メタル比島政府ト日本軍トノ関係如何カ問題トナルヘシ。

村田大使ヲ補佐スヘキ公使級ノ派遣ハ益々緊要トナリ田尻公使ナラハ宇都宮、和知トモ良ク（大イニ期待シ居レリ）岡中将モ承知ノ間柄ナルヲ以テ好都合ナルヘキ処大東亜省ノ村田大使ニ対スル持チ掛ケ方カ拙劣ヲ極メタル為問題ハ稍カ複雑化シタリ、尤モ村田大使ニハ話様モアルコト確実ナルカ問題ハ寧ロ田尻公使自身カ転勤ノ意思アリヤニ存スルニ非サルカ。

第5．台北、大阪、東京

30日　「マニラ」発難航ノ揚句台北ニ着北投温泉ニ泊シ例ニ依リ総督府外事部ノ歓待ヲ受ク。

31日　悪天候ノ為出発ヲ見合セ午前総督府ニ到リ総務長官及旧知ノ長谷川〔清〕総督ニ挨拶ス、何レモ総軍ノ「マニラ」移転問題ハ初耳ノ模様ナリ。

4月1日　悪天候ノ為出発ヲ延期ス。

「コスタ」ノ視察報告ニ付テハ先般「メナド」ニ於テ同人ヨリ進ンデ事前当方ニ内示スル旨ノ申出アリ然ルニ「チモール」出発以来何等此ノ点ニ関シ話出テス、一方「コスタ」ヨリ淀川総領事ニ対シ申出アリタル葡国官民ニ対スル日本側ノ「コムプレーント」供与ノ件ニ付テハ我方ヨリ進ンデ之ヲ提供スルモ余リ益ナシト判断シ今日迄提出シ居ラサル事情ナルヲ以テ同僚ト打合ノ上先ツ本官ヨリ「コ」ニ対シ右日本側ノ資料ニ関連シ「コ」ノ報告内示ノ点ヲ間接的ニ催促スルコトニ決シ「コ」ト接触ス、「コ」ハ日本側ノ不平ニ付テハ寧ロ「チモール」滞在中ニ承知シ度思ヒタルカ今ニテモ結構ナルニ付是非提出アリタシト述フ、依テ本官ヨリ此ノ点ハ日本側トシテハ余リ過去ノ事件ヲ荒立ツル気持ナカリシヲ以テ今日迄延引セルカ「コ」ノ希望トアラハ淀川ヨリ説明セシムヘシト応シ進ンデ「コ」ノ得タル情報資料等ノ中何等カ日本側ノ説明ヲ聞キ度キ点ナカリシヤト問ヒ、右ニ対シ「コ」ハ「メナド」ニ於ケル本官トノ約束ニ触レ実ハ日本側ニ不利ナル情報アラハ打開ケテ相談スル積リナリシカ何等ノ証拠モナキ風説等ニ過キサレハ右約束ノ履行問題ハ起ラサリキト述ヘ（此ノ点「メナド」ニ於ケル先方ノ申出ト若干相違ス「メナド」ニ於テハ不利ナル情報ハ勿論自分ノ報告ハ事前ニ内示スヘシト述ヘタルカ斯カル事ニ付テ先方ノ食言ヲ言立ツルモ余リ意味ナキニ付聞キ流シ置ケリ）、其ノ例トシテ土民蜂起ニ際シ日本側カ控手傍観セリトノ風評日本兵又ハ将校カ葡人僧侶ノ財産ヲ掠奪セリトノ風評等ヲ挙ク、次デ「コ」ハ豪蘭軍侵入ニ際シ総督カ黒木領事ヲ充分ニ保護セサリシ点ニ関シ自分ナラハ同領事ヲ総督官邸ニ迎ヘ身ヲ以テ保護シタルナルヘシト述ヘ但シ総督カ監禁後総ユル手段ヲ尽シテ其ノ解放ヲ図リタルハ之ヲ認メサルヘカラスト述フ。

本官ヨリ更ニ総督トシテ葡国官民ノ現状ニ付テ何等カノ改善要求等出テサリシヤト問ヘルニ対シ

(1)　総督ト日本領事トハ第三者ヲ介在セシメス（右ハ主トシテ「カント」旧市長ノコトヲ指スモノノ如シ）常時直接接触アリタキコト〔カントに対するコスタの評価については、ポルトガル例史料2を参照〕

(2)　総督カ時々「リキサ」「マウバラ」ヲ視察スルニ対シ「ガソリン」

ノ供与アリタキコト

(3)「リキサ」「マウバラ」在住ノ葡人ノ生活改善ノ為総督ノ保証スル若干名ノ葡人ヲシテ物資買出シノ為奥地ニ赴キ土民ト交渉スルコトヲ許サレ度コト

(4) 前項ト同シ理由ノ下ニ「リキサ」「マウバラ」附近ニ於テ葡人カ自活ノ為農園ヲ経営シ土民ヲ労務者トシテ使役シタキコト

等ヲ述ヘ且此等ノ事件ハ何レモ現地日葡官憲間ニ於テ解決シ得ル問題ト認ムル旨附言シタル外更ニ自分ノ視察報告ノ範囲外ナルカト前提シ

(1)「チモール」「リスボン」間電信連絡ニ付テハ総督ノ署名ニ信頼シ暗号ニテ日本側経由通信ヲ許サルレハ結構ナリ

(2) 日本軍撤退ノ暁ニ於テ葡国側ノ小銃ヲ返還スルコトハ治安維持上絶対必要ト認ム

トノ意見ヲ述ヘタリ。

仍テ後刻淀川総領事ヲシテ予メ準備シアリタル日本側ノ資料ヲ「コ」ニ提出スルト共ニ口頭説明ヲ加ヘシム、其ノ後「コ」ヨリ本官ニ対シ右資料カ「コ」ノ「チモール」滞在中ニ提出ナカリシコトヲ遺憾トスル旨並若干ノ点ニ於テ承服出来サル点アリトテ

(1) 日本領事檻禁ニ関シテハ同領事カ外出セハ豪蘭軍トノ間ニ如何ナル「トラブル」ヲ惹起スルヤ測リ難キ状況ナルヲ以テ同領事ヲ軟禁セルハ已ムヲ得サル所ニテ日本軍カ其ノ立場ニ在リタリシナラハ同様ノ処置ヲ執リタルナルヘシト述ヘ（先刻ノ「身ヲ以テ保護スヘカリシナリ云々」ト趣旨同シカラサル点ニ注意ヲ要ス）

(2) 土民蜂起事件ニ付テハ土民ノ葡国統治ニ対スル反感等ハ承服出来

ス、何人ノ責任ナリシヤハ不明ナルカ囚人ヲ解放セルコト而シテ之等囚人カ蘭領ニ於テ解放セラレタル囚人ト合流シ反抗セルモノト認メラルル旨述ヘ（「コ」ハ他ノ機会ニ於テ本官ノ同僚ニ対シ右ノ外之等囚人乃至土民ニ武器ヲ与ヘタルコトカ何人ノ責任ナリシヤハ別トシ反乱ノ契機ヲ為セリトノ意見ヲ述ヘタルカ此ノ点ハ囚人ノ解放ト合ヒ「コ」ノ土民蜂起ニ対スル説明ト見ラル）。

其ノ他葡人官民ノ敵性行為ニ付テハ今更其ノ真否判然ノ方法ナシトテ再ヒ「チモール」ニ於テ日本側ノ資料提供ヲ受ケサリシコトニ苦情ヲ述ヘ又「リキサ」「マウバラ」ニ葡人ヲ収容スルニ至レル所謂現地協定成立ノ経緯ニ付テハ日葡双方ノ説明軌ヲ一ニスト為セリ。

尚「コ」ハ日本側カ終始一貫葡国旗ヲ尊重セル点及日本軍ノ葡国婦女子ニ対スル尊敬ニ欠クルコトナカリシ点ハ絶対ニ保証シ得ル所ナリト附言セリ。

右本日ノ交渉ニ依リ「コ」ノ報告カ我方ニ取リ余リ不利ナラサルモノナルコト略判明シ従来ノ想像ト此ノ点異ラサルモ比較的明確トナレルヲ感ス。

仍テ以上ノ結果ヲ綜合シテ本官ト同行セル各省係官ト共同ノ作業トシテノ「コスタ」報告ニ対スル判決ヲ起草ス、蓋シ各省係官ノ意見カ区々ナルハ好マシカラサルヲ以テ骨子ハ文書ヲ以テ取纏メ置クコト適当ナレハナリ。

4月2日、3日　悪天候ノ為台北ニ滞留ス。

4日　悪天候ヲ冒シ台北出発宮崎県新田原ニテ給油ノ上大阪着、新大阪「ホテル」ニ止宿ス、「コスタ」ハ冬着就中下着類ヲ所持セサル為内地ノ飛行ハ寒気ノ為難渋ヲ極ム、右ハ予想シ得ラレタル所ナルカ処置ナシ、「ホテル」ハ中部軍司令部ヨリ口添アリタルカ食事其ノ他何等利便ヲ与フル準備ナシ仍テ夜食後支配人ニ厳談シ翌朝ヨリ「コスタ」ニ対シ特配セシム。

4月5日

午前中防空演習ノ為飛行不能昼食後大阪発午後二時四十五分羽田着、古内〔広雄〕書記官外、外務、大東亜、陸軍ノ係官ノ出迎ヲ受ケ無事旅程ヲ了ル。

2.「チモール」島ニ於ケル葡国政府派遣視察員「コスタ」大尉ノ動静ニ関シ報告ノ件〔原文手書き〕

本件ニ関シ別紙ノ通リ報告申進スルニ付御査閲相成様願ヒ度シ

昭和19年4月7日

在京中

「ディリー」駐在総領事　淀川正樹〔印〕

殿

イ.「チモール」島ニ於ケル「コスタ」大尉ノ動静

3月19日

○午前十一時十五分頃「ディリー」飛行場到着、日本側ヨリハ本官及館員並ニ防衛司令官代理トシテ高級副官葡萄牙側ヨリハ総督、「ヴィエイラ」市長兼副官及秘書長ノ三名出迎ヘタリ。「コスタ」大尉ハ総督ニ伴ハレ総督官邸ニ落着キ日本側随員ハ軍兵站宿舎及総領事館ニ分宿セリ尚「コスタ」大尉ハ滞島中「リキサ、マウバラ」ニ赴ケル一日ヲ除キ他ハ総テ総督官邸ニ起居セリ。

○日本側随員一行ハ午後一時半ヨリ総領事館ニ集合シ本官及軍高級副官ト共ニ「コスタ」一行ノ滞島日程殊ニ予テ現地ニ於テ軍上司ヨリノ指令ニ基ヅキ準備シ置キタル四日案ニツキ打合セヲ為ス。

○午後四時「コスタ」大尉、「ヴィエイラ」市長ト共ニ総領事館ヲ来訪来島ノ挨拶ヲ述ヘ次テ総領事ノ案内ニヨリ軍司令官ヲ往訪敬意ヲ表ス右司令官トノ面会ハ単ニ儀礼的言辞ノ交換ニ止マル。「コスタ」大尉ハ本官来訪ニ先タチ二通ノ書面ヲ寄越シ一通ニ於テハ安道券ノ交付ヲ請求シ他ニ於テハ『日本軍進駐以来葡国官憲ノ採リタル措置ニ関シ日本側ニ於テ不平アリタル趣ナレハ右資料ヲ入手致シ度シ』ト述ヘ居レルニ付、本官ハ本会見ニ於テ先ツ本人ニ対シ安道券ヲ手交シ且ツ不平資料ニ関シテハ右ハ固ヨリ之レヲ充分準備シ葡語訳モ出来上リ居リタルモ早キニ及ンテ之レヲ先方ニ交付スル時ハ彼我論議ノ種子ヲ播クト共ニ先方ヲシテ反駁資料ヲ準備セシムルノ余猶ヲ与ヘ却ツテ不利ナレハ寧ロ退島後適当ナ時期ニ於テ交付スルニ如カスト思料シ本人ノ申出ニ対シテハ口頭及書面ヲ以テ資料ハ早速蒐集且ツ葡文翻訳ノ上交付スヘキ旨ヲ回答スルコトニ止メタリ。尚本会見ニ於テ滞島日程四日案ニツキ本人ノ意見ヲ求メタルニ本人ハ自分ノ滞島希望期間ニ関シテハ来島道中日本側委員ニ洩シ置キタル事モアリ十日以内ニテハ任務終了ノ見当全然ツカス四日案ハ問題ニナラストテ非常ニ驚キ居ル模様ナリシニ付、本官ヨリ四日ト十日トノ間ニハ余リニ隔絶アリ希望通リニ延長スルコトハ困難ナルモ多少ノ譲歩ハ可能ナルヤモ計ラレサルニ付彼我ノ立場ヲ考慮シ希望日数ヲ可成速目ニ決定シ通知シ来ル様促セルニ本人ハ明後日頃ニ至ラサレハ見当ツカス夫レ迄俟タレ度シト述ヘタリ。
チモール島ハ目下季節トシテハ雨期ナルモ本年ハ降雨少ナク過古十日間余リ晴天ノ連続ナリシニ偶々本日夕刻ヨリ夜分ニ亘リ降雨甚タシ。

3月20日

朝来ディリーニハ珍ラシキ悪天候ナリ午後ヨリハ大雨ト化ス河川氾濫道路ノ崩壊ニヨリ地方視察旅行ノ益々困難ナルヲ思ハシム蓋シ雨期ニ於テハ地方各地トノ交通杜絶ハ葡萄牙時代ニ於テモ常態ナリキ。

「コスタ」大尉ハ午前十時総督ト共ニ本官ヲ来訪セリ右ハ総督トシテハ日本側随員カ昨日表敬ノ為往訪セルニ対スル答礼ヲ意味シ「コスタ」大尉ニ於テハ昨日ヨリ問題トナリタル日程ニツキ本官ト打合ヲ遂ケンカ為ナリ。「コスタ」大尉ハ昨日ノ会談同様十日以内ニテハ到底任務終了ノ見込ナク而モ明後日ニ至ラサレハ滞島希望日数ヲ明示シ難シトテ言辞曖昧ナリ。之ニ対シ本官ヨリ四日滞島案ニ不服ナラハ多少ノ延長ハ可能ナルヘク何レニシテモ予メ関係軍方面ノ承諾ヲ取付ケル必要アルト共ニ帰途飛行機取寄ノ都合モアレハ滞島日数ヲ可成速カニ決定スル必要アレハ本日午後又ハ遅クトモ明朝ヲ期限トシ明示方ヲ迫レリ。本官ハ右「コスタ」大尉ノ意向ヲ現地軍司令官ニ一応通シタニ現地軍トシテハ元来滞島四日案ハ上司ノ指示ニヨリ決定作成セルモノナルモ特ニ葡萄牙側ヨリ希望申出来ラハ一週間位迄ニハ延長已ムヲ得サルヘシトノ意向開示アリ、又随員一同ニモ諮リタルニ「コスタ」本人ノ態度極メテ曖昧ナルモノアレハ此際我方ヨリ滞在日数ヲ決定シ先方ニ通知スルヲ適当トスヘシトノコトニ全員ノ意見一致シ又「コスタ」大尉及総督ニ於テハチモール視察員派遣ニ関スル日葡政府交渉ノ経緯ヲ全然知ラス之レカ為ニ滞島期限及視察地域等ニ関シ彼我ノ間ニ著シク見解ヲ異ニシ居ル模様ナレハ此際我方ヨリ一応説明スルコト必要ナルヘシトノ意見出テ全員承諾ノ上明朝之レヲ実行スルコトヽス。

3月21日

午前十時半本官ハ曽根〔曾禰〕書記官及細川領事ト共ニ「コスタ」大尉及総督ヲ官邸ニ訪問シ先ツ本官ヨリ『今回ノ葡国視察員来島ニ関スル日葡両国政府間ノ交渉経緯ハ「コスタ」大尉ニ於テモ我々日葡現地

官憲ニ於テモ一向諒知スル処ナリ為ニ視察日程、地域、警備兵ノ護衛等々ノ点ニツキ貴我見解ヲ異ニスル点モアル処今回外務省代表トシテ同行セラレタル曽根書記官ハ外務省ニ在リ当初ヨリ本件両国交渉ニ関係セラレ居リ同氏ノ意見ニ依レハ右ノ諸点ノ外廓ハ已ニ政府間交渉ニ於テ取扱イタル模様ナレハ我々ハ先ツ同氏ヨリ交渉過程ヲ聴カハ参考トナル点多々アルヘク貴我ノ見解ハ自然一致スルニ至ルヘシ』ト述ヘ、次テ曽根書記官ヨリ右ニ関シ詳細ナル説明アリ殊ニ滞島日数ニ関シテハ日本側ハ幾多作戦上ノ不都合ヲ凌ヒ葡側ニ便宜供与シ居ルノミナラス帰途ノ乗用飛行機取寄ノ都合モアレハ相当ノ期間ヲ前置キ決定スル必要アリ、若シ「コスタ」大尉ニ於テ明示困難ナルニ於テハ不本意乍ラ我方ニ於テ決定スルノ外ナカルヘシト述ヘ本人ノ面会ヲ促セルモ本人ハ依然明答ヲ避ケタルニ付同書記官ヨリ予テ我方一同ニ於テ打合セ置キタル処ニ従ヒ滞島期間ヲ一週間ト決定シ二十六日離島トスヘキ旨ヲ語リ右期間内ニ於テ各方面視察日程ヲ作成シ至急我方ニ通告方ヲ要請セリ。右ニ対シ「コスタ」大尉ハ本日午後五時半総領事館ニ来訪回答スヘキ旨答ヘタリ。

○本日午後一時総督ハ官邸ニ於テ昼餐会ヲ催シ我方ヨリハ軍司令官及本官ノ外随員全部招待ヲ受ケテ出席シ先方ハ「コスタ」大尉ヲ初メ総督、副官及秘書官ノ夫人令嬢等モ加ハリ総員二十四名ニ達スル盛会ナリキ。食卓ニ於テ総督ヨリ聖寿ノ万歳ヲ祝フ旨ヲ一言述ヘ之ニ対シ我方軍司令官ヨリ葡国ノ繁栄ヲ祈ル旨ヲ述ヘテ答ヘ一同杯ヲ挙ケタル外客間ニ於テモ彼我共ニ一切真面目ナル話題ニ触ルヽ事ナカリキ。本昼餐会ノ準備ニ関シテハ肉類野菜等ハ総督ノ申出ニ依リ特ニ土民ヲシテ供出セシメ砂糖、バター、チーズ、ビール等ハ軍ヨリ寄贈シタルガ此ノ如キ彼我合同ノ盛大ナル宴会ハ皇軍進駐以来初メテノ催シニシテ総督外一般葡人ノ満足察スルニ余リアルト共ニ「コスタ」大尉ニ対シテモ良好ナル印象ヲ与ヘタルモノト思料ス。

○午後五時半「コスタ」大尉ハヴィエイラ市長ト共ニ総領事館ニ来訪島内視察日程ニ関シ二十三日「リキサ、マウバラ」ニ赴キ翌二十四日帰還致シ度キ旨並ニ二十二日午後ディリー市内ヲ一巡シ度キ旨ヲ申出テタルニ付随行者、出発時刻及護衛兵ノ配置等ニツキ打合セヲ遂ケタリ。「リキサ、マウバラ」以外ノ地方視察ニ関シテハ我方ヨリ希望表明方ヲ本人ニ慫慂セルモ余日無キヲ理由トシテ何等申出ツル処ナカリシニ付本官ヨリ『一行御到着以来合憎連日ノ豪雨ノ為各所ニ於テ道路破壊セラレ地方旅行ノ困難ナルハ昔日ト異ナラサレ共我方ノ有スル情報ニ依レハ中央部「ファト・ベシ」農園方面ハ交通必ラスシモ不可能ニハアラサル模様ナルニ付一日又ハ二日ヲ割キ同方面ヲ視察セラレテハ如何又特ニ視察希望地アラバ之レカ能否ヲ研究スヘキニ付申出ラレ度シ』ト述ヘ地方視察ヲ勧誘セルモ本人ハ余リ乗気セサルモノヽ如ク何等答フル処ナカリキ。

3月22日

○昨日ノ打合セニ従ヒ午後五時半「コスタ」大尉及「ヴィエイラ」市長来訪セルニ付本官同乗約三十分ニ亘リ「ディリー」市内ヲ一巡ス、視察場所ハ旧本通リト海岸通リヲ旧領事館家屋ト現海軍本部トノ間ヲ往復セシニ過キス無電台跡視察ニ関シテハ先方ヨリ何等申出ツル事ナカリシニ付我方ヨリ特ニ案内スル必要モナシト認メタルニ付其儘トス。旧桟橋附近ニ於テハ自動車ヲ一時停止下車シテ爆破現状ヲ一見シ其爆破力ニ驚キ居レルカ他ハ総テ車上ヨリ望見セルニ過キス家屋破壊状態ヲ見テ破損家屋率ハ九十パーセントニ及ブヘシト語リ嘆声ヲ洩シ居タリ。

○午後七時司令官主催晩餐会ニハ葡側ハ「コスタ」大尉ノ外総督、市長、秘書長出席ス席上司令官ヨリ日葡国交ノ由来及現地彼我提携ノ実情ト共ニ両国関係カ更ニ改善親密トナルニ至ランコトヲ望ム旨ヲ述ヘ之レニ対シ「コスタ」大尉及総督ヨリ夫レ々司令官ノ意見ニ全然同意ナル旨並ニ葡人取扱ニ関スル司令官従来ノ好意ヲ感謝スル旨ヲ述ヘ彼我極メテ打解ケタル空気ノ下ニ両国俗歌放吟等ノ隠芸モ出テ二時間余ヲ過シ散会セリ。

３月23日

午前八時総領事館ニ集合シタル後日本軍警備兵乗車ヲ先頭ニ立テ我方随員ノ乗車二台之レニ従ヒ次テ「コスタ」大尉乗車ニハ「ヴィエイラ」市長及細川領事便乗シ最後ニポルトガル兵護衛車ノ順ニテ一行「リキサ、マウバラ」ニ向フ。因ニ「コスタ」大尉ニ対シテハ軍側ヨリ乗用車提供ヲ申出タルモ総督ニ於テ葡側所有ノ自動車ヲ使用シ度キ旨申出タレハ之レニ軍側ニ於テガソリンヲ支給スルコト、セリ。本旅行ニ於テハ葡側ハ「コスタ」乗用車及護衛兵乗車ニハポルトガル国旗ヲ立テ威厳ヲ添ヘル処アリタリ。葡国護衛兵ハ総督ノ希望ニ依リ四名ヲ附スルコト、シ武装ハ小銃及帯剣ヲ一時軍側ヨリ葡側ニ返還使用セシメ各兵ニ実弾二十発ヲ携帯セシメタリ。

「ディリー」「リキサ」街道三十七キロ米ハ「チモール」島内最上ノ通路ニシテ乾燥期ニ於テハ普通一時間ニテ走破シ得ルニ拘ラス一行到着

以来連日ノ降雨ニテ河川氾濫各地破損個所多ク「リキサ」近傍ノ河川ハ二個所ニ於テ増水異常ナリシ為我警備兵ニ於テ渡河工事ヲ施シ漸ク一行使用車五輛ノ通過ヲ可能ナラシメ得タリ。一行ハ往路ニハリキサヲ素通リ通過シマウバラニ向フルカ途中ノ道路修理渡河工事ノ為二時間余ヲ空費シ正午頃目的地ニ着セリ。「コスタ」大尉乗車及葡国護衛車ハ直接マウバラ市役所ニ向ヒ予テ集合シ居タル葡萄牙人男女ト面会セルカ我方ハ同地ニ出張駐在中ノ富永副領事ノミヲ葡側ニ随行セシメ一同ハ別行動ヲ採ルコトヽシ「マウバラ」部落ヲ一巡帰途市役所ニ立寄リ「コスタ」大尉ニ別レヲ告ケ「リキサ」ニ引揚ケタリ、尤モ我方警備兵乗用車ノミハ終始「コスタ」乗用車ニ随行セシメタリ。我方随員カ「リキサ」警備隊宿泊所ニテ昼食ヲ摂リタル後午後二時半頃リキサヲ引揚ケディリーニ向ツテ帰途ニ着カントセシ際「コスタ」大尉及其ノ護衛兵ハ「マウバラ」ヨリ「リキサ」ニ帰リ同地屯所長住宅ニ落着キ多数葡国人ト会食シ居タリ。

翌朝富永副領事カ報告セシ処ニ依レハ「コスタ」大尉ハ「リキサ」ニ於テ午後三時ヨリ一般葡人ト共同会見シ席上ニ於テ一同ニ挨拶ヲ述ヘタル由ナルカソノ意味ハ葡国政府ハ目下中立政策維持ニツキ折角努力中ナレハ諸君モ安ンシテ可ナリトノ要領ノモノナリシ由ナリ。尚「コスタ」大尉ハ「リキサ」ニ於テ一般居留民ニハ共同的ニ会見セルモ高級官吏トハ夫レ々単独ニ会見シ同夜ハ殆ント徹宵会見ニ忙殺セラレタル模様ナリ。

3月24日

午前十時「コスタ」一行ハ彼我警備兵ト共ニ「ディリー」ニ帰還総領

事館ニ立寄リ無事視察終了ヲ告クルト共ニ我方ニ於テ「リキサ」及「マウバラ」滞在中充分ナル行動ノ自由ヲ与ヘ呉レタルヲ深謝スル趣ヲ反復述フル処アリタリ。

３月25日

午後一時半ヨリ総領事館ニ於テ本官主催ノ昼餐会ヲ催ス葡側ハ「コスタ」大尉外総督、市長及前市長「カント」氏ノ四名ヲ招待シ日本側ハ司令官及随員総領事館員等ナリ席上別ニ堅苦シキ話題ニ触ルヽコトナク彼我ノ交歓ヲ行ヘリ。

３月26日

午前十一時離島、飛行場ニハ我方ハ司令官自身ニ於テ本官ノ離任ヲ兼ネ「コスタ」大尉ヲ見送ラレ葡側ヨリハ来省ノ際同様総督、市長、秘書見送リニ来レリ。

ロ(機密)．葡国政府派遣「チモール」島視察員ニ交附セル説明資料ニ関スル件

昭和19年４月７日

在京中

在「ディリー」総領事　淀川正樹　㊞

殿

本年二月本官葡国視察員ノ現地派遣ニ先タチ帰任スルヤ現地軍ト密接ナル連絡ヲ取リ諸種ノ必要ナル予備工作ニ着手スルト共ニ今後日葡両

国間ニ問題トナル可能性アリト認メラルヽ事項即チ土民蜂起事件、葡人収容ニ至レル経緯、葡国官民ノ通敵及利敵行為等ニ関シテハ説明資料ノ蒐集ヲ行ヒ之レニ葡語訳文ヲ添付シ必要ナル場合ニハ何時ニテモ利用シ得ル様準備ヲ整ヘ置ケリ。

葡国視察員「コスタ」大尉ハ客月十九日現地ニ到着スルヤ直チニ本官手元ニ書面ヲ寄セ従来現地葡国官憲ノ取レル対日態度ニ関シ日本側ニ於テ不満ヲ有セラルヽ点モアラハ関係資料入手致度キ旨申出来レリ、然ルニ右ヲ本人ノ希望ニ従ヒ滞島中逸早ク提供スル時ハ必然彼我ノ間ニ論議ヲ惹起シ感情的ニ面白カラサル空気ヲ醸成スル懸念モアリ右ハ寧ロ離島後適当ナ機会ニ於テ交付スルニ如カスト思料シタルニ付右本人ノ書面ニ対シテハ早速資料取纏メ葡訳文出来上リ次第交付スヘキ趣ヲ回報スルニ停メ置キタルカ、偶々帰京ノ途次台北ニ於テ飛行不能ノ為数日ノ滞在ヲ余儀ナクセラレタルニ付ソノ機会ヲ利用シ一日本人ト閑談本件資料ヲ葡訳文ノ上本人ニ手交スルト共ニ詳細ニ亘リ口頭説明ヲ加ヘ置キタリ右説明資料ハ左記事項ニ関スルモノニシテ別紙提出スルニ付御査閲相成様願ヒ度シ。

記

1.「チモール」島土民蜂起経緯並ニポルトガル人保護ニ関スル彼我現地官憲交渉顛末

(領事ヨリ外務大臣宛ノ報告)

2. 葡人「リキサ、マウバラ」収容保護経緯

(現地軍ノ記録ニ依ル)

3.「チモール」土民蜂起ノ情況

(当時日本軍関係部隊ノ調査ニヨル)

4. 葡側ノ中立違反及利敵通敵行為ノ実例

5. 葡人収容ニ関スル総督ノ布告

6.「リキサ、マウバラ」収容地域ニ於ケル日本軍ノ葡人取扱振ニ関スル葡側ノ感謝文

7. 葡国視察員ニ交付セル身分証明書写

(以上)

3．極秘 葡領「チモール」視察員ニ対スル応酬資料〔編者注　1944年2月頃の作成と思われる。〕

イ．葡領「チモール」ニ対スル葡国主権及行政実施ノ制限ニ関スル応酬要領

1．現在ノ制限ヲ是認スル論拠トシテハ

(1) 帝国軍ノ進駐ハ英蘭軍ヲ駆逐スル為ノ自衛的措置ニシテ現地葡側カ英蘭軍ノ侵入ヲ阻止スル意志ト能力ヲ有セサリシコト従テ責任ハ英蘭側及現地葡側ニ在ルコト（葡領調書(1)及(2)参照）

(2) 帝国軍進駐以来葡国人ノ利敵、通敵行為ノ事例幾多アリ帝国トシテハ自衛上之ニ対処スル措置ヲ講セサルヲ得サル事情アルコト（調書(3)参照）

(3) 現在同方面カ英米ノ反攻ニ対スル最前線ニアル関係上帝国軍トシテハ之カ防衛ヲ極メテ重視シ居リ従テ右防衛ヲ全カラシムル為同島ニハ凡ユル軍事的措置ヲ執ル必要アルコト

(4) 葡島ニ英蘭軍カ侵入シテ以来其混乱ニ乗シ永年葡側ノ圧政ニ苦シメル土民ノ不満カ爆発シ其結果土民ノ葡人ニ対スル蜂記《(ママ)》頻々トシテ起リ葡人自身身辺ニ危険ヲ感ズルニ至リ帝国軍ニ対シ保護ヲ求メ来レル為帝国軍ハ総督ヲ初メ葡官民ヲ一定地域ニ生活セシメ之ニ保護ヲ加ヘ居ル事情ナルコト（調書(4)参照）

(5) 現在「チモール」ノ葡国官民カ行動ノ自由ヲ束縛セラレ居ルコトハ前述ノ通リ一ハ葡国人自身ノ希望ニ基クモノナル外他面葡国官

民中ニ利敵、通敵行為ヲ為ス事例多カリシ為軍トシテ自衛上ノ措置ヲ執ル必要アルニ依ルコト

ノ諸点ヲ説明シ

2．右ノ事情アルニ拘ラス帝国カ葡国主権ヲ尊重シ居ル事実ノ論拠トシテハ

(1)　帝国軍ノ進駐ニ際シ葡国政府ニ対シ為シタル葡国領土保全保障ノ声明（調書(1)参照）即チ葡国カ其中立的態度ヲ維持スル限リ自衛ノ必要消滅セハ帝国軍ハ撤兵スヘク其際ニハ葡国主権ハ恢復スヘキコト

(2)　現地ニ総督ノ在勤ヲ認メ我方亦総領事ヲ派遣シ総督トノ間ニ外交接衛ヲ行ハシメ居ルコト

(3)　帝国カ葡国視察員ノ現地出張ヲ容認スルコトハ帝国カ葡国主権ヲ認ムルモノナルコト

(4)　二月五日大本営政府連絡会議報告『葡領「チモール」島派遣葡側視察員取扱ニ関スル件』附録「帝国カ作戦上許シ得ル限リ葡国主権及行政実施ヲ尊重セントスル誠意ヲ示ス為必要ナル措置」ノ各項（実施状況ニ応シ利用スルコトトス）

ノ諸点ヲ説明スルコトトス。

ロ．土民蜂起問題ニ関スル応酬要項（調書(4)参照）

1．葡領「チモール」ニ於テハ既ニ約三十年前ニモ土民カ蜂起シ葡国人ヲ襲撃セシコトアリ土民ノ蜂起ハ今回カ初メテニ非ス。

土民ノ中ニハ葡国人ノ政治ニ不満ヲ有スル者アルハ事実ニシテ今次戦争勃発後英蘭軍カ侵入シ葡領「チモール」カ作戦戦場トナリ

テ以来其間ニ生シタル混乱ニ乗シ土民ノ不満カ爆発シ蘭人ニ対シ蜂起スルコトトナリタルモノナリ。

2．土民ノ蜂起ハ我軍モ迷惑トスルトコロニシテ之カ鎮圧ト蘭国人ノ保護ニ努メ居ルモノニシテ現ニ蘭国人ヲ保護スル為総督ノ希望ニ応シ蘭国人ヲ一定地域ニ居住セシメ軍ニ於テ其保護ニ任シ居ル次第ナリ。

3．蘭側カ土民ノ蜂起ハ我方ノ策謀ニ依ルモノナリトノ疑ヒヲ洩スニ於テハ飽迄之ヲ否定スルコトトス。

調書1

蘭領「チモール」ノ主権及行政権ニ関スル件

1．蘭領「チモール」ノ主権及行政権ニ関スル日蘭間交渉経緯

2．蘭領「チモール」ノ主権及行政権実施制限問題ノ要点

1．日蘭間交渉経緯

(1)　昭和十六年十二月八日帝国カ米英ニ対シ宣戦スルヤ在「デリー」帝国領事ヨリ総督ニ対シ右宣戦ノ次第ヲ通告スルト共ニ中立厳守方申入レタルニ対シ総督ハ本国政府訓令ヲ遵守シ中立維持ニ努力スベキ旨回答セリ、然ルニ十七日夕刻豪蘭軍葡領「チモール」島ニ侵入シ葡側ハ我方ニ対シ右占領カ「チモール」官憲ノ同意無クシテ行ハレ英葡間ノ密約ニ基クモノニアラサルニ付誤解無キ様ニト申越シタルヲ以テ我方ヨリハ葡側ニ対シ葡側ノ立場ニハ同情スルモ斯ル事態ニ際シテハ日本軍トシテモ対抗措置ヲ執ルノ已ム無キニ至ルコトアルヤモ知レズト回答シ置ケリ。

⑵　英蘭間ニ於テ「チ」島ヨリ豪蘭軍撤退同島ヘノ蘭国兵派遣ニ付交渉行ハレタルモ其間現地ノ事態ハ自衛上帝国軍ノ進駐ヲ余儀無クセシムルニ至リ二月二十日帝国陸海軍部隊〔一字不明〕蘭領「チモール」ニ進駐セル処右ニ関シ十九日帝国政府ヨリ蘭国政府ニ対シ帝国軍ハ蘭領「チモール」ニ対スル作戦ニ伴ヒ自衛上蘭領「チモール」ニ在ル英蘭〔蘭〕軍ヲ駆逐スルノ必要ニ迫ラルルニ至リ英蘭〔蘭〕軍ノ自発的退去ヲ待ツガ如キヲ許ササル状況ニ立至リタルコトヲ述ヘ帝国政府ハ蘭領「チモール」ニ対スル領土保全ヲ保障シ且今後蘭国カ中立ノ態度維持ヲ保障スル限リ自衛上ノ目的達成ノ上ハ速カニ兵力ヲ撤収スルノ用意アルコトヲ申入レタリ。蘭国政府ハ帝国軍ノ進駐ニ対シ抗議シ更ニ蘭国ニ依ル豪蘭軍ノ武装解除ヲ条件トシテ帝国軍ノ撤退考慮方申越セルモ我方ハ其実行不可能ナリト認メ之ニ応セサリキ。

⑶　我方トシテハ蘭国ノ領土保全ヲ保障スル建前ニテ現地ノ総督及官憲カ特ニ妨害的行動ニ出ルコトナキ様指導シ帝国ノ公正ナル立場ニ付彼等ヲ努メテ啓発シ現実ノ事態ニ即シテ住民ノ福祉ノ為ニ我方ニ協力セシムル様努力セルカ蘭国官憲ハ我方ニ対シ協力的ナラザリシノミナラズ帝国軍ノ状況ヲ敵側ニ通報セル幾多ノ事例アリタルヲ以テ蘭国政府ニ対シ右事態ヲ詳細通報スルト共ニ現地蘭国官憲ノ善導方要求シ且場合ニ依リテハ現地総督ノ更迭ヲ考慮方示唆セリ。

⑷　蘭国政府ハ帝国軍ノ進駐ヲ以テ蘭国主権ノ侵害ナリトノ建前ヲトリタルカ右ハ原則論トシテ現実ニハ現地ノ事態改善ニ付我方ト協力セントスル態度ヲ採リタルモ我方ノ要求又ハ示唆セル現地蘭国

官憲ノ善導、総督ノ更迭問題ニ関連シ葡領「チモール」ニ対スル葡国主権ノ発動トシテ現地ノ事情ヲ葡国自ラ取調ブル為現地ト本国政府トノ間ノ暗号通信許容方（註）並ニ現地調査ノ為葡国視察員出張許容方ヲ要求シ葡国主権ノ発動ガ全然承認セラレザルハ絶対ニ承服シ難シトノ態度ニ出テタリ。

（註）葡側ノ言分ハ通信権ハ主権ノ枢要ナル部分ニシテ之ガ停止ハ主権ノ重大ナル侵害ナリトナスニアリ。

右ニ対シ在葡帝国公使ハ帝国ガ進駐ニ際シ葡領「チモール」ノ領土保全ヲ保障スル旨申入レタルコトヲ指摘スルト共ニ現地葡国人ノ利敵通敵行為ガ止マザルニ於テハ軍当局トシテ之ニ対処スル為何時如何ナル重要措置ヲ執ルノ已ムナキニ至ルヤモ知レザル旨申入レ尚帝国政府ハ葡国政府ニ対シ「我方ニ於テ行政全部ヲ掌握シ葡側主権ヲ全然名儀ノミトスルカ如キ考ヘハ有シ居ラス出来得ル限リ総督ノ地位ヲ尊重スヘク総督ニシテ敵性行為無キ限リ其行政実施ヲ阻止スルガ如キコトハ毛頭考ヘ居ラザル所ナリ但シ帝国軍ノ作戦遂行、防衛、防諜、治安維持、通敵行為ノ取締等ニ必要ナル事項（軍ノ必要物資及労力ノ徴発ヲ含ム）ニ付テハ総督ニ要求ヲ提出ス可ク此種ノ要求ニ対シテハ総督ハ必ス自ラ之ヲ実行スルヲ望ム」旨申入ルルト共ニ葡国政府ガ現地葡国官憲及葡国人ノ非協力的態度乃至利敵、通敵行為ノ是正、現総督ノ更迭等ヲ真剣ニ考慮スルニ於テハ葡国視察員ノ現地出発ニ際シ便宜ヲ計ル可ク、又通信ニ関シテハ現地ト本国トノ通信ハ之ヲ許容シ本国政府ヨリ現地ニ対スル暗号電報発信モ之ヲ許容スルモ現地ヨリ本国政府ヘノ電報ニ就テハ現地ノ作戦行動、兵力ノ配置防衛状況等ニ付絶対的ノ機密保持ヲ必要トシ且総督側ニ従来通敵、利敵行為ノ事例アリタルニ鑑ミ当分ノ間平文以外ヲ認メザルノ方針ニテ対葡接衝ヲ行ヒタリ。

暗号通信ニ関シテハ葡側ハ相当執拗ニ主張セルモ我方ノ確固タル態度ニ鑑ミ結局ハ之ヲ固執セズ其儘トナリ居レリ（註)。

(註）在「チモール」葡側無電台ハ其後敵側ノ爆撃ニヨリ破壊セラレ使用不可能トナリタリ。

(5)　葡領「チモール」ノ土民ハ多年葡国ノ圧政ニ苦シミ居リタル処豪蘭軍ノ侵入及自衛上之ヲ駆逐セントスル帝国軍ノ進駐ニ依リ生シタル混乱状態ニ於テ其対葡人不平爆発シ葡人ニ対スル土民ノ蜂起頻々トシテ起リタル為（右土民ノ蜂起ハ絶対ニ我方ノ施策ニ依ルモノニアラズ帝国軍ハ寧ロ其鎮圧ニ多大ノ努力ヲ払ヒ居ルコトハ明白ナル事実ナリ）葡人ハ身辺ノ危険ヲ感ジ昭和十七年十月総督ハ軍ニ対シ彼自身及葡国人ノ保護ヲ依頼シ来リタリ軍ハ之ヲ容レ葡人ヲ「チ」島一定地域ニ収容シ保護ヲ加フルコトトナリタルガ右収容ノ事実ハ葡国政府ニ通報セラレタリ（但シ右収容ニ際シ軍ガ葡官憲及葡国人ノ武器及短波「ラヂオ」等ヲ取上ゲタル事実ハ未ダ葡国政府ニ通報セラレ居ラズ)。

2．葡国主権及行政実施ノ制限問題ノ要点

(1)　葡国政府ガ葡領「チモール」ノ主権及行政実施ガ全ク有名無実ノモノタルコトハ絶対ニ承服シ難シトノ態度ヲトリ居ルコト前述ノ通ナルヲ以テ今回ノ視察員視察ノ結果ガ右結論ニ到達スルニ於テハ葡側ニ帝国ノ態度非難ノ材料ヲ与ヘ延テハ葡国ノ中立維持方針

ヲ変更スル場合ノ口実ヲ与フルコトトナル虞レアルニ付葡領「チモール」島進駐ニ際シ葡ヲ米英側ニ走ラシメサル様政府及大本営ニ於テ細心ノ注意ヲ払ヘル趣旨ヲ更ニ貫徹スル意味ニ於テ今次葡国視察員ノ派遣問題ノ処理ハ極メテ慎重ヲ要ス。

(2)　而シテ帝国軍ノ進駐ガ葡側ニ英国軍ノ侵入阻止ノ意志及能力ナカリシニ依ルモノナルコト現ニ「チモール」ガ英米ノ反攻ニ対スル最前線ニ在リ之ガ防衛ハ帝国軍ノ戦争遂行ニ絶対必要不可欠ナルコト、防衛ガ絶対必要ナル以上防衛ヲ全カラシムル為ニハ軍ガ同島ニ於テ敵ノ策謀、葡人ノ利敵、通敵行為阻止ノ為各種ノ措置ヲ採ラザル可カラザルコト、土人蜂起ノ事例アリ、葡側ノ希望アルニモ鑑ミ軍ニ於テ葡人保護ノ為必要ナル措置ヲトラザル可カラザルコトハ何レモ公明正大ナル論拠ニシテ之ヲ口実トシテ葡国ガ其中立態度ヲ変更スルガ如キコトアルモ真ニ已ムヲ得ザルトコロナルガ他面帝国トシテ有ユル外交上ノ手ヲ尽ス意味ニ於テ右前提ヲ覆ヘサザル範囲ニ於テ葡側主権ノ発動、行政実施ノ制限ヲ〔二字不明〕シ以テ葡側主権ヲ尊重スルノ態度ヲトルベキコト肝要ナリ。

調書2

英国軍侵入当時ノ現地葡側ノ態度ニ関スル応酬振リ

(1)　中立国タル葡国ハ交戦国タル英蘭ノ軍隊カ其ノ領土ニ侵入スルコトヲ阻止シ且其ノ武装ヲ解除スル義務ヲ有セルモノナルコト。

(2)　葡国政府カ右不法侵入軍ノ撤退方ニ関シ努力セルコトハ認ムルモ葡英間ノ話合ハ葡国増兵到着ヲ待テ豪蘭兵ヲ撤兵セシムル趣旨ナリシ趣ニシテ従テ前記中立義務ノ完全ナル履行ヲ予想セス寧ロ暫

定的ニ豪蘭兵ニ依ル「チモール」防衛ヲ認メタルモノトスラ解スヘキコト。

(3) 後日判明セル所ニ依レハ英豪軍上陸ニ際シ「チモール」葡側当局ハ何等之ヲ阻止セントセサリシノミナラス英豪軍上陸後同軍カ中立国ニ在勤在住スル帝国領事居留民ヲ抑留セルニ対シテモ葡側ニ於テ何等ノ措置ヲ講セサリシコト。

調書3

「チモール」島葡国人ノ犯セル中立違反及通敵行為ノ実例（詳細ノ資料ハ現地軍ニ於テ入手スルヲ要ス）

1．豪州兵釈放事件

昭和十七年○　月○　日豪州兵一名カ落下傘ニテ○所ニ下降シ葡萄牙官憲ハ之レヲ逮捕セリ右ニ関シ我現地部隊ハ下降地カ事実上我占拠地域ナルニ鑑カミ葡官憲ニ対シ敵兵ノ引渡ヲ要求セルモ先方ハ之レニ応セサリシノミナラス却ツテ本人ヲ豪州軍ニ引渡セリ。

2．「ジユーリオ、マデイラ」事件

葡国人「ジユーリオ、マデイラ」（元自動車運転手）ナル者ハ日本軍ノ行動ヲ妨害シ客年二月以降数ヶ月間ニ亘リ数千ノ土民ヲ煽動シ自ラ之レヲ指揮シ我軍並ニ我方ニ協力中ノ土民ニ対シ数ヶ月ニ亘リ武力抗争ヲ〔二字不明〕シ為ニ我方ハ小隊長以下数名ノ兵ノ死傷ヲ見タリ、本人ハ気力精悍而モ地理ニ精シキ為山野ニ出没自在之レカ討伐ニハ多大ノ困難ヲ感シタルカ軍ニ於テハ此種討伐ニ少カラサル兵力ヲ削クコトノ不利ナルニ鑑カミ同年八月総督ノ申出ヲ容レソノ手ヲ経テ本人ヲ軍ニ帰順セシメ一応取調ヘノ上身柄ハ総督ニ引渡セリ、右本人ノ行動ハ中立国人トシテ厳罰ニ値スト雖モ我軍ハ本人ニ対シ極メテ寛大ナル処置ヲ取リ目下本人ハ其家族ト共ニ葡国病院内ニ於テ他ノ一般葡人ト共ニ安住シツツアリ。

3．葡人医師ノ無電通敵行為

「ディリー」在住ノ葡人医師（官吏）〇〇〇ハ昭和十七年〇月予テ豪州軍トノ了解ノ下ニ日本軍ノ行動ヲ無電機ヲ以テ随時敵側ニ通報シ居タリ、右ハ我軍ニ於テ其後無電機ヲ押収シ暗号電報ヲ入手セルニ及ヒテ適確ナル証拠ヲ挙クルヲ得タリ。

4．「ピーレス」中尉ノ密偵事件

「マヌエル、ピーレス」中尉ハ日本軍ノ進駐当時「サンドミンコス」県知事ノ要職ニ在リ本島ニ於テハ総督配下二、三位ニ在ル高官ナリ本人ハ豪州軍ノ進駐ニ際シ糧食住居ノ支給其他各種ノ便宜ヲ供与シ之レト協力セルカ客年初頭豪州軍カ「チモール」島ヨリ撤退スルニ当リ豪州軍ノ一部ト共ニ二月十日南岸「ヂロール」河口ヨリ米国潜水艦ニ便乗シテ渡豪シ留マルコト半歳余豪州軍当局ト常ニ連絡ヲ取リ終ニ其命ヲ受ケテ再ヒ「チモール」渡島ヲ企テ同年七月三日同シク米国潜水艦ニヨリ南岸ニ上陸島内ニ潜入シ予テ打合セアリタル豪州兵通信中尉「エルウツド」ナル者ト会同シ爾来葡人部下数名ト共ニ山野ニ起居シ日本軍ノ兵力配置等ヲ探リ無電暗号ヲ以テ逐一之ヲ豪州軍本部ニ通報シ居タリ、幸ニシテ我軍ニ於テハ同年九月二十七日本人及一味ノ者ヲ逮捕スルヲ得右ノ事実ハ本人ノ自供ニ依リ明ラカニスルヲ得タリ。

右ニ掲ケタルハ葡側通敵行為ノ最モ顕著ナル例ナルカ右ノ外多数アリ其詳細ハ現地部隊ノ取調ニ拠リ準備シ置クコト必要ナリ。

調書4

土民蜂起ヨリ現地協定締結ニ至ル経緯

八月二十日「ボボナロ」（旧蘭領「チモール」トノ国境寄リ）ニ於テ土民蜂起シ葡人屯所長家族四名ノ外ニ支那人拾数名殺戮セラレタルヲ切掛ニ其後「ライラコ」等ノ各地ニモ暴動続発シ漸次全島へ波及スルカ如キ兆候ヲ現示セリ、仍テ葡官憲ハ之レカ鎮圧ノ為残存セル少数ノ葡兵及土人ヲ狩集メ特ニ我軍ヨリ武器弾薬携行ノ許可ヲ得テ現場ニ急派セシメタルモ思フ様ニ討伐出来ス全ク処置ニ苦シミ居リタリ（葡側ハ何レノ暴動ニモ旧蘭領「チモール」土人参加シ居ルヲ見我方ニ於テ使嗾シ居ルカ如キ口吻ヲ洩ラシ積極的討伐困難ナルハ暴動ノ複雑性ニ因ルモノナリト称シ居リタリ）。

然ル処十月一日「マウビセ」及「アイレウ」（当地ヨリ馬ニテ五・六時間ノ行程）方面ニ起リタル土民暴動ハ相当猛威ヲ逞ウシ葡官憲及軍人ニ数名ノ犠牲者ヲ出シタルカ「アイレウ」県知事夫妻以下葡人六拾余名ハ命カラガラ「ディリー」ニ避難シ来レリ、避難者ヨリ生生シキ現地報告ヲ受ケ事態極メテ重大ナルニ驚愕シタル総督ハ十月三日「ディリー」市長「カント」ニ命シ葡人ノ生命財産ノ為メ全葡人ヲ一時「アタウロ」島（「ディリー」ヨリ二十五「キロ」ノ海上ニ在ル流罪島）へ避難セシメ度キ旨我方ニ申越サシメタリ、軍ノ意向聴取ノ上回答スヘシト答ヘ置キタル処七日研究ノ結果「アタウロ」島避難ハ食料ノ補給付カス収容困難ナルヲ以テ中止シタル趣ヲ以テ島外避難ノ為葡本国政府ニ対シ輸送船派遣方要請シ度シトテ右打電方並ニ本件ニ関シ軍ノ諒解取付方総督ヨリ懇請アリタリ、我方ニ於テ本電ヲ取次ク場合葡本国政府ハ土民討伐ノ為メ葡兵派遣申出ハ当然予想セラレ問題ハ複雑化スル虞レアリ面白カラサル次第ナルヲ以テ甚タ尤モナル要請ト思料スルモ輸送船派遣ハ緊急時ノ対策トシテハ非現実的ノ憾アリ此ノ際不取敢危険地域内ノ葡人ヲ皇軍駐屯地附近ノ安全地帯ニ集結避難セシメテハ如何ト勧告シタル処暴動ハ全島ニ波及シツツアリ実ノ処最早当領内ニハ安住ノ地無キ次第ニシテ緊急ノ際ニ不拘敢テ日本軍ノ保護、救援ヲ願出テサルハ偏ニ中立維持ノ為メナリト説明シ居リタリ軍側ノ意見ヲ確ムヘシト応酬シ置キタリカ葡側ハ我方ニ保護ヲ需メタル結果我方ニ協力シタルカ如キ印象ヲ豪蘭側ニ与ヘ敵対行為ト採ラルルコトヲ極度ニ恐レ居リタルヤニ観取セラレタリ。

他方土民蜂起ハ絶ユルコト無ク「バザール・テッテ」ヲ襲撃シ二名ヲ殺戮シタル後「リキサ」方面（「アイレウ」ヨリノ避難葡人六拾余名収容中）ニ殺到スルヤノ情報アリ葡側ハ「リキサ」防衛ノ為少数ノ武装兵ヲ同地ニ派遣セリ、事態ノ重大化ト防衛ノ方途ナキニ鑑ミ総督ハ我軍ノ保護ヲ求ムルコトニ決意シ二十四日軍司令部ト会見ノ上正式ニ葡人ノ生命保護方ヲ申入レタリ総督ハ保護申入ノ公文（別紙参照）ヲ提出スルト共ニ司令官ニ対シ更ニ口頭ニテ

「当領ニ豪蘭軍ノ進駐以来公私各機関ノ機能ハ全ク停止シ今ヤ何人モ自由ニ働キ得サル状態ニシテ斯カル秩序紊乱ニ伴ヒ土民各地ニ頻々ト蜂起シ既ニ多数葡人カ殺戮セラルルニ至レルモ之レカ防衛不可能ナル実状ナリ右ノ理由ニ依リ葡人ノ生命保護方ヲ閣下ニ要請スル次第ナリ」云々

ト述ヘタルニ対シ、軍司令官ハ日葡両国間ニ在スル友好関係ニ顧ミ総督ノ保護要請ヲ快諾スル旨ヲ答ヘ更ニ保護ニ関スル軍ノ方針ハ本来ノ

作戦ノ許ス範囲内ニ於テ保護ニ任シ葡人集合地点ニ一部隊ヲ駐屯セシメ又葡側官憲及住民ニ対シ能フル限リノ便宜ヲ供与スルニ在ル旨説明シ左記実施条件ヲ提出シタル処総督ハ異議ナク之ヲ承諾スルト共ニ軍側ノ好意ニ対シ感謝ノ意ヲ表明セリ。

記

1．葡人（総督及「ディリー」市長ハ現状ノ儘「ディリー」市ニ残留ス）ハ軍指定ノ一地点ニ於テ治安恢復迄集合自活スルコト右ニ関シ軍ハ所要ノ援助ヲ与フ

2．豪蘭軍トノ協力乃至利敵行為ヲ絶対ニ為ササルコト

3．葡側ノ武器、弾薬ハ豪蘭軍ノ利用ヲ防ク為メ自衛上所要ノ分ヲ除キ治安恢復迄軍ニ於テ保管スルコト

4．其ノ他ノ事項ハ必要ニ応シ協議ス

調書5

1．「チモール」島ニ豪蘭軍侵入迄ノ経緯

2．「チモール」島ニ葡国兵派遣

3．「チモール」島ヘノ皇軍進駐

4．日本軍ノ葡領「チモール」進駐ニ関シ葡側ニ与ヘタル反響

5．皇軍進駐後ノ現地葡側官憲ノ態度

6．無電台押収事件

7．総督更迭問題

8．「チモール」問題ニ関スル我方要求ト之ニ対スル葡側態度

9．土人蜂起ト葡人保護問題（現地協定）

10．本件交渉中絶ヨリ葡側視察員派遣ニ至ル経緯

1．「チモール」島ニ豪蘭軍侵入迄ノ経緯

昭和十六年十二月八日帝国ガ米英ニ宣戦スルヤ在「デリー」帝国領事ヨリ十二日附書翰ヲ以テ総督ニ対シ右宣戦ノ次第ヲ通告スルト共ニ中立厳守方申入レタルニ対シ十五日附書翰ヲ以テ総督ヨリ本国政府ノ訓令ヲ遵守シ中立維持ニ努力スベキ旨回答アリタリ。

然ル二十七日夕刻豪蘭軍「チモール」島ニ侵入セルガ十八日正午在葡千葉公使ハ外務次官ノ求メニヨリ往訪セル処右事実ヲ伝ヘルト共ニ右占領ハ「チモール」官憲ノ同意無クシテ行ハレタル全ク暴力行為ニシテ英葡間ノ密約ニ基クモノニアラザルニ付誤解無キ様日本政府ニ伝達願度シト述ベタルガ東京ニ於テモ二十日葡国公使西次官ヲ来訪シ右ト同様ノ次第ヲ告ケ葡国政府ハ「チモール」総督ニ対シ豪蘭軍ノ侵略行為ヲ極力阻止スベキ旨訓令セリト述ベタルヲ以テ西次官ヨリ葡国ノ立場ニハ同情スルモ斯ル事態ニ際シテハ日本軍トシテモ対抗措置ヲ執ルノ已ム無キニ至ルコトアルヤモ知レスト回答セルカ二十四日葡本国ニ於テモ次官ヨリ千葉公使ニ対シ豪蘭軍ノ侵入ニ対シ日本ノ示シタル友好的態度ヲ感謝スルト同時ニ豪蘭軍ノ撤退ニ関シ全力ヲ尽シテ交渉中ナル旨文書ヲ以テ申越シタリ。

尚豪蘭軍ノ侵入ニ伴フ在「デリー」帝国領事以下在留邦人ノ安否ニ関シテ葡国政府ヲ通シ照会セル処何レモ侵入軍ノ手ニヨリ保護検束セラレ居リ全部異状ナキモノト認メラルル由回答アリタリ。

2．「チモール」島ニ葡国兵派遣

「チモール」島ニ豪蘭軍侵入後其ノ撤退ニ関シ葡国ハ引続キ英国ト交

渉中ナリシ処昭和十七年一月二十三日葡国内閣ハ英国政府トノ話合ニヨリ葡領「チモール」ノ防衛ニ任スル為軍隊ヲ「ロレンソ、マルケス」ヨリ出発セシムルコトトシ輸送船「ジヨアン、ベロ」号ハ軍艦「ゴンサルザルゴ」号護衛ノ下ニ航行スル旨公表シ右ノ次第ヲ二十六日千葉公使ニ対シ公文ヲ以テ通告シ二十一日在京葡国公使西次官ヲ来訪シ「チモール」ニ向ヒ航行中ノ葡国兵約千五百名ニ対シ如何ナル措置ヲトラルルヤトノ質問アリタルニ対シ二十三日西次官ヨリ葡軍隊ノ渡来ニハ異論無ク成ルベク速カニ且安全ニ渡来サルル様取計度キモ「スマトラ」ヨリ「チモール」ニ至ル海域ハ大規模ナル作戦進展中ナルニ付我方及英米側トモ航路其他ニ付十分打合ハセラレ度キ旨申渡シタルガ二月二十八日葡船ノ危険切迫シ居ルニ鑑ミ至急東経九十度以西ニ避難方葡側ニ申入レ置キタル処三月十五日葡船ハ無事「コロンボ」港ニ入港シ、更ニ二十二日同港発「ゴア」ニ向ヒ同地ニ於テ「チモール」方面ノ形勢ヲ観望スルコトトナリタルガ同船ハ五月七日「モザンビック」ニ向ヒ出発セリ。

3.「チモール」島へノ皇軍進駐

二月二十日帝国陸海軍部隊葡領「チモール」ニ上陸セル処右ニ関シ十九日在葡千葉公使ヲ通ジ葡側ニ対シ左ノ通リ申入レタリ。

「帝国軍ハ葡領「チモール」ニ対スル作戦ニ伴ヒ自衛上葡領「チモール」ニ在ル英蘭軍ヲ駆逐スルノ必要ニ迫ラルルニ至レリ、帝国政府ハ貴国政府カ客年十二月英蘭軍ノ葡領「チモール」不法占拠以来之ヲ排除センカ為努力セラレタルヲ多トシ居ルモノナルカ我方作戦カ南方ニ発展シ来リタル為英蘭軍ノ自発的退去ヲ待ツカ如キヲ許ササル状況ニ立至リタル次第ニテ右事情ハ貴国政府ニ於テモ十分了解セラルヘシト信ス、帝国政府ハ葡領「チモール」ニ対スル領土保全ヲ保障シ且今後葡国カ中立ノ態度維持ヲ保障セラルル限リ自衛上ノ目的達成ノ上ハ速ニ兵力ヲ撤収スルノ用意アルモノナルニ付貴国政府ニ於テモ帝国ノ真意ヲ了解シ善処セラレンコトヲ希望ス」

右ト同様ノ趣旨ヲ二十日次官ヨリ在京葡国公使ニ対シ申入レヲ行ヒタリ。

然ルニ二十一日ニ至リ在京葡公使次官ヲ来訪シ本国政府ノ訓令ニ拠ル趣ヲ以テ日本軍今回ノ行動ニ対シ抗議スル旨申述ベタリ。

4．日本軍ノ葡領「チモール」進駐ニ関シ葡側ニ与ヘタル反響

二月二十一日在京葡国公使ヨリ西次官ニ対シ葡国領土保全ヲ侵セルモノナリトテ抗議越セルカ我方トシテハ英蘭側ノ不法行為ニ対スル自衛措置ナル旨回答シ置キタルガ葡本国政府トシテハ二十一日「サラザール」首相ハ折柄開会中ノ議会ニ於テ日本ノ葡国主権侵犯ヲ避難スル声明ヲ発表シタルモ右以外ニハ葡政府トシテ事件ヲ成ルベク小サク取扱ハントスル努力ヲ払ヒタルヲ以テ英蘭軍ノ「チモール」占領ノ際特別ニ議会ヲ召集シ又音楽入リノ大示威運動モ行ハレタルニ比較セバ日本軍ノ「チモール」進駐ハ左シタル反響ヲ呼バズシテ終レリト謂フヘシ。

尤モ葡側トシテハ英米ニ対スル手前モアリ飽迄日本軍カ葡国領土ヲ侵シタルモノニシテ葡国ハ中立国トシテ日本側ト協力セストノ建前ヲ採リ居リ葡側ノ取扱ハ我方トシテ相当機微ナルモノアリタリ。

5．皇軍進駐後ノ現地葡側官憲ノ態度

二月二十八日在京蘭国公使西次官ヲ来訪セル際次官ヨリ「チモール」島進駐後我カ軍ハ蘭側主権尊重ノ態度ヲ持シツツ蘭側ノ協力ヲ求メ居ルモ蘭国官憲ハ本国ノ指令無クシテハ処理シ得ストテ未ダ協力的態度ヲ示サザル旨述ベタルニ対シ公使ヨリ蘭国官憲ノ不協力ハ蘭国ガ厳正中立ヲ維持シ居レル結果ナリト答ヘタルニ依リ次官ヨリ現地官憲ガ平和秩序維持ノ為協力スルコトハ当然ナリト反駁セルニ対シ蘭公使モ之ヲ肯定セルモ其ノ後我ガ現地軍カラノ報告ハ何レモ蘭側現地官憲ノ非協力的態度ヲ非難スルモノニシテ、右ニ依レバ蘭側現地官憲ハ積極的ニ我方ト協力セントスル気配ヲ見セズ寧ロ敵側ニ利便ヲ与フルト思惟セラルルモノサヘアリ官吏及軍人ノ大部分ハ「デリー」南方山地ニ避難シ警備及行政共ニ放任セラレアル状況ニシテ一般ニ現地駐在ヲ厭ヒ居リ来港ノ噂アル蘭国輸送船ニ依リ帰国シ度キ意向ナル趣ナルガ右トハ反対ニ蘭側ヨリハ現地日本軍ノ行動ニ関シ我方ニ抗議越シ事態改善方要求スル所アリタルガ我ガ軍ハ蘭国官憲ノ対日態度依然トシテ改善セザリシノミナラズ彼等ノ利敵通敵行為少カラズ一般住民ノ我方ニ対スル近接行為ヲモ抑制シ我軍ヨリ再度ニ亘リ通告ヲ発シ其ノ反省ヲ促セルモ利カザリシヲ以テ遂ニ我軍ハ利敵通敵言動アル官吏ヲ指名シ厳罰ニ処スベキコト及一般住民ニシテ不都合ナルモノハ日本軍ノ自衛上自由ニ処置スベキコトヲ五月七日附書翰ヲ以テ総督ニ正式通報セルガ右通牒ニ関シ五月十四日在京蘭国公使ハ外務大臣ニ対シ日本側ガ蘭側ノ非協力的態度ヲ云々セラルルモ蘭側トシテハ現地日本軍ノ行動ヲ非友好的ナリト思料シ居リ日本軍自ラ蘭人官吏ヲ罰セントスルハ中立尊重ノ保障ニ反スルモノト思考スル旨申入レアリタリ。

其ノ後引続キ我方ヨリ在蘭千葉公使ヲ通ジ蘭側現地官憲ノ対日態度是

正方本国ヨリ訓令セシムル様対日非協力態度ノ実例ヲ示シテ申入ルル処アリタリ。

6．無電台押収事件

現地軍ノ葡側官憲ニ対スル不満ノ念漸次高マリツツアリタル事情ハ5ニ述ヘタル通リナル処「チモール」島内ノ残敵及豪州空軍ノ反撃止マス現地軍トシテハ「デリー」葡側無電台ニ疑惑ヲ抱キ右ノ使用停止ヲ試ミントシ帝国領事ヲシテ総督ニ申入レシメントセルニ対シ領事ハ着任ノ翌日斯ル依頼ヲ受ケタル次第ニモアリ事情不明ノ為取調ニ数日ノ猶余ヲ求メ且葡本国政府トノ関係モ考慮シ之カ延期ヲ求メタル処五月三十一日軍ハ独自ノ立場ニ於テ作戦上ノ必要ヨリ葡側無電台ヲ差押ヘタリ、然ルニ本国政府ト「チモール」間ノ連絡ヲ中断スルコトハ我方工作ニモ支障アリ或ル程度ノ通信ヲ維持セシメントノ考慮ヨリ平文通信ニ限リ之ヲ許可スル方針ニ決シ総督ト交渉スルト共ニ右ニ関シ本国政府ニ申入レ置キタルカ「送信技師ハ日本軍ノ監視下ニ置ク」ナル条件ニ付テハ主権ノ侵害ナリトシテ総督及本国政府ヨリ強硬ナル反対ヲ申出デタルカ、其ノ後日本側ニテ無電台ヲ管理シ日本ノ技師ニヨリ葡側暗号電報ヲ依託発受スルコトニヨリ妥結ノ用意アル旨葡側ヨリ申出デアリタリ。

其ノ後本点ニ関シテハ両国間交渉ニ於テ後述8ノ如キ経緯アリタル処昭和十八年三月淀川総領事ヨリ本件無電台ハ敵機ノ爆撃ニ依リ破壊セラレ之カ使用ハ問題トナラサルニ至レル旨報告アリタリ。

7．総督更迭問題

現地軍ノ総督ニ対スル反感深刻ナルモノアリ殊ニ「チモール」ニ対スル豪軍ノ爆撃モ盛トナルヤ総督ハ神経衰弱ニ罹リ他ニ避難シ度キ希望ヲ漏シ居ル趣ナリシ処本国政府トシテモ総督カ親英ナルニ顧ミ之ヲ更迭スル意思アリトノ情報アリタルニ付我方トシテモ之ニ向ツテ工作スルコトトセルガ其間豪州空軍ノ爆撃ノ結果身辺ノ危険ヲ理由トシテ安全地帯ニ避難ヲ決行セントスルニ至リ七月二十二日荷物ノ運搬ヲ開始セルニ付我方トシテハ総督ノ「デリー」退去ハ我方トノ交渉上不便ナリトノ見地ヨリ右移転ヲ阻止セル処総督ハ自由ヲ束縛セラルルヨリハ寧ロ捕虜トセラレ度キ旨申出テ来リタリ、次テ八月八日千葉公使ヨリ本国政府ニ対シ我方トシテ総督ニ全ク信用ヲ有セズ右ハ総督側是迄ノ通敵利敵行為ノ結果ニシテ殊ニ総督ハ病気ノ様ニ見受ケラルルニ付寧ロ更迭セラルルコト葡側ノ為利益ニ非ズヤトノ趣旨ヲ申入レ置キタルニ九月八日ニ至リ「サラザール」首相ト千葉公使会談ノ際「サ」ヨリ総督ハ病気ニモアリ葡国トシテモ之ニ信頼スルコト危険ニ付別ニ澳門ヨリ然ルヘキ軍人一名ヲ派シ其ノ報告ニ依リ総督ヲ更迭スルヤ否ヤ決シ度キ旨語リタルヲ以テ我方トシテハ右ノ為飛行機座席ヲ提供スヘキ旨約シタリ、尤モ本件軍人派遣ニ関シテハ現地ノ状況整頓シ居ラサルニ付取止メラレ度キ旨在「デリー」帝国領事ヨリ意見上申アリタリ。

8．「チモール」問題ニ関スル我方要求ト之ニ対スル葡側態度

「チモール」問題中各箇具体的事件ニ付テハ前述ノ通リナル処右ヲ総括シテ左記要旨ノ要求ヲ葡側ニ提出セリ（十月六日発千葉公使宛電報）。

1．現総督ノ更迭ヲ希望ス之カ為調査員ヲ派遣スル希望ナレハ我方ヨリ飛行機座席ヲ提供ス

2．総督ノ地位ヲ尊重シ総督ニシテ敵性行為ナキ限リ其ノ行政実施ヲ阻止セズ

3．日本軍ノ作戦遂行、防諜、治安維持通敵行為ノ取締等ニ必要ナル事項ニ付テハ総督ニ要求ヲ提出スヘク此ノ種要求ニ対シテハ総督ハ自ラ之ヲ実行シ又ハ所要ノ命令ヲ発シ之ニ従ハザルモノハ処罰スルコト

4．無電台ハ我方ニテ管理シ日本軍ノ手ニヨリ葡側ノ発受信ヲ取次グモ「チモール」ヨリ本国ヘノ暗号発信開始ノ時期ハ作戦上ノ都合ヲモ考慮シ我方ヨリ連絡ス

右ニ関スル葡側トノ接衝上ヨリ受ケタル印象ニヨレバ

1、現総督ノ親英米的性格ナルコトハ葡萄牙ニ於テモ承知ニテ其ノ報告ニノミ信ヲ置キ難キ旨ヲ言明シ居リ更迭ニハ内々決シ居ルモノノ如ク之カ実行ニ先立チ現地ノ状況取調ノ為澳門ヨリ軍人ヲ派遣シ度キ意向ナルモ右軍人ト本国政府トノ連絡ニ暗号ヲ使用シ度キ希望ヲ開陳セルモ我方トシテハ現地ヨリ暗号電信ヲ発出スルコトハ軍ノ機密漏洩ノ惧モアリ絶対ニ許可シ難キ旨回答セル処最近ニ至リ葡側ヨリ日本側ノ立場ハ良ク了解シ居リ又澳門ヨリ自由ニ連絡シ得ル次第モアリ甚タ苦シキ事乍ラ此ノ点葡側ハ強ク固執セサル旨述ヘタリ

2、及3、ニ関シ葡国トシテハ英国ト同盟関係ニアリ日本ト正式ニ協力スル旨ノ約束ヲ結フコト不可能ニシテ現地ニ於テ事実上ノ協力ヲ為スコトハ差支ヘ無キモ葡国主権カ名儀上ノミトナルコトハ承認シ難シトナシ又日本側トノ協力ノ程度ニヨリテハ中立義務違反ニナルヲ惧ルトノ態度ナリシカ我方協力要求ノ内容ヲ研究ノ結果

右中立義務違反ノ惧レ無キ旨判明セリト言明セリ

４、本国政府カ植民地出先官憲ト直接通信出来サルハ主権ノ侵害ナリ殊ニ本国ヨリノ暗号電ニ対シ平文ニテ回答スルハ機密保持上モ賛成出来ストノ意嚮ナリシモ我方トシテハ葡側ヨリ満足ナル協力得ラレサル限リ無電台ヲ解放シ得ストノ建前ニテ応酬シ来レルカ結局葡側トシテモ無電台ハ日本側管理ニ委ネ日本側技師ニ依頼シテ葡側電報ヲ委託発受スルコトニスルモ差支ヘ無キ意嚮ヲ漏セリ。

９．土人蜂起ト葡人保護問題

八月中旬頃ヨリ「チモール」島内各地ニ土人蜂起シ葡、支那人ヲ殺戮シ暴動化シ葡国官憲軍隊ハ葡国民ノ救済保護ニ努力中ナリシモ及バズ遂ニ十月二日ニ至リ総督ノ意向ナリトシテ「デリー」市長ヨリ帝国領事ニ対シ葡人ノ生命危険ニ瀕シ之カ鎮圧困難ナルニヨリ全島ノ葡人ヲ安全地帯ニ避難セシメ度キ旨申出デアリ（避難場所ハ最初「デリー」対岸ノ「アタロウ〔アタウロ〕」島ナリシカ食糧補給問題等ノ為葡領〔側〕ヨリ中止ヲ申出デタリ）、右ノ次第本国植民大臣宛総督ヨリ電報シ輸送船派遣方要請シ度キニ付我方ノ取次ギヲ求メタルニヨリ之ヲ実行セリ右避難ノ申出ニ対シテハ我方ニテ保護シヤルベキ旨申伝ヘタルニ日本側ノ保護ニ依頼スルハ中立維持ノ為採ラザル旨回答アリタリ、我方トシテハ葡領官憲ヲ避難セシムルハ我方ニテ追出シタルカノ感ヲ与ヘ第三国ヘノ反響ヲモ懸念セラルルノミナラズ防諜上モ不適当ナルニ付我方ニ於テ之ヲ保護スルコトトシ本国政府ヨリ総督ニ対シ此ノ旨電報セシムルコトトセリ。

尚総督以下葡人ノ国外避難ノ希望開陳ニ関シ本国政府ハ全然不同意ニ

シテ総督ノ斯ル態度ニ多大ノ不満ヲ表明シ居リ総督ニ対シ其ノ旨電報セリ。

次イデ十月二十四日総督ヨリ土民ノ鎮圧困難ナルニ付一時我軍ニテ葡人保護セラレ度キ旨中山領事代理ニ申出デ来リタルニ付軍側トモ協議ノ結果左ノ条件ニテ総督トノ間ニ葡人保護ニ関スル現地協定成立シ其ノ内容ハ我方ノ手ヲ通ジ総督ヨリ本国政府ニ伝達セシメタリ。

一、総督及市長ハ「デリー」ニ残留シ職務ヲ執行ス他ノ葡人ハ全部軍ノ指定スル安全地帯ニ集合自活ス右ニ関スル所要ノ援助ハ軍ニ於テ与フ

二、豪蘭軍トノ利敵通敵行為ヲ絶対ニ為サザルコト

三、蘭〔葡〕側ノ武器弾薬ハ我方ニテ保管ス

右交渉ニ基キ葡人ノ収容ハ着々実現シ現地ノ状勢ハ一応落着キタリ。

10.〔本件交渉中絶ヨリ葡側視察員派遣ニ至ル経緯〕

前述ノ所謂現地協定ニ依リ帝国軍ニ於テ葡人ヲ保護収容スルコトトナリタル為葡人ノ利敵、通敵行為モ消滅シ現地ノ事態ハ我方ニ関スル限リ自然的ニ改善セラレタルコトトナリ、強ヒテ我方ニテ譲歩シテ迄モ葡側トノ交渉ヲ妥結セシムルノ必要無クナリタルニ依リ総督更迭ヲ前提トセザル調査員ノ派遣ニ関スル葡側ノ対案ヲ拒絶スルコトニ決シタルモ早急ニ葡側ニ回答スル必要無カリシ為未回答ノ儘放置シ置キタル処葡側ヨリ我方回答方督促越セルニ付昭和十八年三月十二日在葡帝国公使ヲシテ正式ニ葡側対案ハ受諾不可能ナル旨回答セシメタリ、而シテ其ノ後我方トシテハ葡側ヨリ何等新提案アラバ格別我方ヨリ進ンデ交渉ヲ再開スルノ要ナシトノ方針ニ拠リ来レルガ葡側ニ於テモ我方

ヨリノ代案ノ提出ヲ期待セル結果交渉ハ中絶セル儘ニ打過ギタル処客年八月頃葡本国ニ於テ「チモール」ニ於ケル葡人虐殺ニ関スル「デマ」宣伝伝ヘラレ一般ノ対日空気悪化シ来リ更ニ十月中旬英国ニヨル「アゾーレス」群島租借協定成立ノ際同様ノ宣伝敵側ニヨリ行ハレ葡ノ対日断交乃至宣戦説スラ行ハルルニ至レリ。

次デ十一月二十六日「サラザール」首相ハ葡国議会ニ於テ「チモール」島ノ現状ニ関シ葡側ノ有スル情報及「チモール」問題ニ関スル過去ノ日本側トノ交渉ノ経緯ノ一部ヲ発表シ本件ハ是非解決セザルベカラザル旨述べ議会ハ右ニ対シ満場一致シテ「サ」首相ノ外交政策ヲ支持シ主権ノ侵害及葡人ニ対スル危害ニ付抗議スベキコト並ニ事態ハ必ズ解決ヲ要ストノ政府ノ意嚮ヲ支持スベキ旨動議可決セリ。

「サラザール」首相ガ本演説ヲ為スニ至レルハ現地官憲トノ通信杜絶以来英米ニヨリ現地ノ事情ニ関スル対日悪宣伝為サレ殊ニ土人ノ暴動ニヨル葡人ノ虐殺等ニ関スル情報ガ豪州ニ避難セル葡人ヨリ葡本国ニ誇大ニ伝ヘラレ葡人間ニ反日感情ヲ増大セシメタル為従来「チモール」問題ニ関シテハナルベク大袈裟ナル取扱ヲ為スコトナク民心ヲ刺戟セズ事態ヲ拾収スル方針ヲ採リ居リタル政府トシテモ国民ニ対シ何等カノ説明ヲ与フル必要ニ迫ラレタルコトニ依ルモノニシテ、右ハ一般情勢ノ枢軸側ニ不利ニ推移シ居ル今日葡国内ノ親英派ノ活動盛トナリ、敵側モ之ヲ利用シ現政府ノ中立維持政策ヲ攻撃セシメ以テ葡国ノ反枢軸陣営ヘノ引入ニ暗躍シツツアルコトニ対シ政府トシテ其ノ立場ヲ弁明セルモノト見ルコトヲ得ベク我方トシテモ如上ノ情勢ニ対処シ葡本国ガ情報蒐集上利用価値大ナルニ鑑ミ将又盟邦独逸ノ欧州大陸ニ於ケル地位ニ鑑ミ（十二月十九日独逸外務省係官「リッペントロップ」外相ノ命ヲ受ケ葡ヲ敵側ニ追遣ルコトハ「タングステン」ノ需給ニ支障ヲ来ス外葡本国及其ノ海外諸領域ガ敵側ノ海空軍基地ニ利用セラレ潜水艦戦ニ影響ヲ及ボスコト少カラズトテ在独帝国大使ニ対シ帝国政府ノ善処方要望セル事実アリ）葡国ノ対日断交ヲ極力避クルコト得策ナリト思考シ葡国視察員ノ現地派遣ヲ骨子トスル対案ニテ葡側トノ交渉妥結ヲ計ルコトニ決定シ十二月二十二日在葡帝国公使ハ「サラザール」首相ニ面会ノ上帝国政府ハ葡側視察員ノ現地派遣ヲ許容スルコトトセルモ右旅行ハ作戦地帯ニ於テ行ハルルモノナルニ付其ノ蒙ルコトアルベキ不時ノ事故ニ関シテハ責任ヲ負ヒ得ザルコト及同島出張中ノ行動ニ関シテハ作戦上ノ見地ヨリ諸種ノ厳重ナル制限アルコトヲ申入レタリ、右ニ対シ「サ」首相ハ視察員ノ行動ノ制限ガ余リニ厳重ニシテ島内何処ヲモ視察出来ザルニ於テハ視察員ノ派遣ト言フモ有名無実トナルベシトテ我方ノ一層詳細ナル説明ヲ求メタルヲ以テ本年一月十日森島公使ヲシテ「サ」首相ニ対シ当方トシテハ作戦上許シ得ル限リ視察員ガ目的達成スル様努力スベク特ニ葡人居住地ハ十分視察セシムベキモ右以外ノ地域ニテハ作戦上ノ要求ニ基キ経路ノ指定視察地域ノ制限ヲ行フコトアルベク又滞島期間モ輸送機関ノ関係ヨリ葡側ノ希望ハ斟酌スルモ当方ニテ決定スル外無キ旨説明セシメタル処、「サ」首相ハ帝国政府ノ意ノアル所ヲ充分ニ了解セリトテ満足ノ意ヲ表シ澳門ヨリ軍人一名ヲ派遣スベキ旨述べ両者間ニ於テ旅行ニ関スル具体的連絡ハ澳門ニ於テ両国官憲間ニ決スベキ旨ノ話合ヲ為セルガ視察員ヲ現地出張前一応東京ニ招致スルコト適当ト認メ其ノ旨葡側ニ申入方一月二十二日森島公使ニ対シ電訓セリ。

調書6

「チモール」島在留葡人関係状況（昭和一九、大東亜省南方事務局政務課）

1．葡人ノ保護収容ニ関スル件
2．無電通信ニ関スル件
3．帝国政府ノ「チモール」総督ニ対スル融資ニ関スル件

「チモール」島在留葡人関係状況　昭十九、一、二五

1．葡人ノ保護収容ニ関スル件

(1)　葡人ノ保護収容

「チモール」島土民ハ葡側官憲ニ対シテハ相当ノ反感ヲ有シ十年以前ニモ暴動勃発セシコトアリタルガ皇軍進駐ニ伴ヒ昭和十七年十月一日「アイレウ」ニ於テ蜂起シ葡官憲数名ヲ殺戮シタル為在留葡人ハ危険ヲ避ケ奥地ヲ引上グルニ至レリ。

総督ハ当初土民ノ背後ニ日本軍アリトノ考ヘト日本軍ノ保護ヲ求ムルハ中立ニ違反ストノ考ヘヨリ我方ノ保護ヲ求メ来ラザリシモ遂ニ十月二十四日ニ至リ正式ニ日本軍ノ保護ヲ求メ来レリ。

依テ其ノ希望ヲ容レ日本軍ハ島内ノ安全ナル地域（「リキサ」及「マウバラ」）ヲ指定シ葡人六百四名ヲ収容シ其ノ生命ヲ保護スルト共ニ食糧等不足ノ分ハ軍ニ於テ支給シ其ノ生命及生活ハ可及的保護ヲ加フルコトトナレリ（右ノ趣旨ノ一種ノ協定現地ニ於テ軍司令官総督間ニ成立セリ）。

右保護ノ結果大部分ノ葡国人ハ我軍ノ監視下ニ在リテ奥地残敵トノ通信モ不可能トナリ従前ノ如ク通敵行為ノ余地ナキニ至レリ。総督ハ其ノ後モ家族、副官、秘書ト共ニ「ディリー」市内ニ居住シ居リ其他「カント」市長及病院関係者等合計五十名ノ葡国人「ディリー」市内ニ居住シ居レリ、之等「ディリー」在住者モ亦通敵行為ノ余地ナク総督自身モ其ノ本来ノ親英的傾向是正セラレタリトハ思ハレザルモ、今ヤ全ク行政ノ実権ヲ有セズ事実上住宅ヲ一歩モ出ヅルコトナキ状態ニシテ且総督ハ皇軍進駐当時ハ我方ニ対シ反抗的態度ヲ執リタルモ其ノ後我ガ軍ノ残敵掃蕩工作ノ積極的進展ニ伴ヒ全島完全ニ皇軍ノ支配下ニ帰スルニ及ビ自己ノ立場ヲ認識シ、此ノ上非友好的態度ヲ持続スルコトノ無意味ナルコトヲ自覚シ現状ニ即応シテ善処スルノ外ナシトノ気持ヲ生ズルニ至レルモノノ如ク、今日ニ於テハ「カント」市長ヲ表面ニ立テ被収容葡人ノ生命ノ保護其ノ他生活万端ニ関シ時々申出ヲ為シ来リ、之ニ対シ軍側ニ於テモ前述協定ノ範囲内ニ於テ事情之ヲ許ス限リ好意的ナル考慮ヲ加ヘ可及的最大限ノ便宜ヲ供与シ以テ彼我提携ノ実ヲ挙ゲツツアルノ実情ナリ。

(2)　食糧補給状況

収容葡人ノ食料問題ニ関シテハ彼等ハ貯蔵品ノ喰ヒ尽シ及副食物ノ入手困難等ノ事態ニ直面シ最近相当逼迫セル状態ニ陥レルモノノ如ク十八年十一月総督ヨリ帝国総領事宛其ノ窮状ヲ訴ヘ増配考慮方申出アリタリ、依テ十八年初頭以来ノ配給品種及数量ヲ表示提出セシメタルニ近時著減ノ状態ニ在リ殊ニ本年九月以降ノ支給数量ハ九月籾三千「キロ」十月三千五百「キロ」十一月五百「キロ」ニ過ギズ右ハ収容総員六五〇名ニ割当テル時ハ一人当リ一日精米一合ニモ達セザル僅少量ニシテ而モ一方彼等ノ主要副食物タル玉蜀黍、馬鈴薯、甘蔗、及肉類等ハ一般葡人ニハ入手極メテ困難ナル事情ニ在リ、即チ元来土民ノ農産物ハ軍ニ於テ其ノ買上公定価格ノ維持及統制ノ為野戦倉庫ノ一手買入トシ他ノ売買ハ一切禁止スル方針ナル処実際ニ於テハ従来野戦倉庫側ノ手不足ノ事情モアリテ容易ニ行ハレズ、一方在「ディリー」葡人ニ対シテハ野戦倉庫ヨリ食糧ノ配給無キ為又「ソ〔リ〕キサ」「マウバラ」ノ葡人ニ対シテモ籾以外ニ関シテハ同様ナルタメ野戦倉庫ノ公定価格ノ数倍ヲ土民（支那人、「アラビヤ」人）ニ支払ヒテ諸食糧ヲ入手シ居タリ。

然レドモ食糧欠乏ノ端境期ニ入レルトトモニ軍ノ食糧調整漸次整備シ来リ今ヤ軍以外ノ食糧入手ハ絶対ニ困難トナルニ至リ葡人ノ恐慌トナルニ至レリ。

斯ル実情ナルヲ以テ彼等ノ窮情亦相当深刻ナルモノアルヲ察セラルルモ軍側ニ於テ此種中立国人ノ食糧補給上ノ負担ヲ今後長期ニ亘リ継続スルコトハ不利タルヲ免レズ、結局ハ彼等ヲシテ自活ノ方途ヲ講ゼシムルヲ適当ト思料セラレ且葡人側ヨリモ「ディリー」平野中現野戦倉庫菜園ニ隣接セル米作適地及「マウバラ」東方四「キロ」「リキサ」ニ至ル道路南側寄リノ地点ニ在ル三町歩ノ耕地ノ耕作許可方願出アリタルヲ以テ軍ニ於テ其ノ適否ヲ検討セル結果前者ハ彼等ノ耕作能力ヨリシテ土民及水牛相当数ヲ軍ヨリ貸与セザルベカラザルコトトナリ土民ト葡人ノ接近ノ機会ヲ作ル点ニ後者ハ警備上ノ見地ヨリ難点アリテ許可セラルルニ至ラス葡側ノ失望ノ色蔽フ能ハズ現在彼等ノ最大ノ関心ハ食糧ニ集中セルモノノ如シ。

尚最近現地ヨリ「未ダ表向キノ通知ニハ接セザルモ軍内部ニ於テ葡人六五〇名ニ対スル米配給一ヶ月五噸ト定メラレタルヤニ仄聞ス」トノ報告アリ、右ニ依レバ一日一人当リ二六〇瓦弱ノ配給ニ相当シ充分トハ申サレザルモ此際充分ハ期待スベキ時機ニ非ズ残ル問題ハ副食物ノ補給如何ニ在リ、之ニ対シテハ今後軍ノ配給ニ依頼スルコトトシ現地ニ於テ交渉中ナリ。

「ポルトガル」人ニ対スル物資配給　（自昭和十八年一月一日
至昭和十八年十一月五日）

月別	麦粉	砂糖	石鹸	煙草	布	籾	玉蜀黍
一月	瓩 1,380	瓩 500	個 2,016	個 500	個 —	—	瓩 —
二月	1,380	500	2,160	500	30	—	—
三月	690	300	1,440	200	—	—	—
五月	460	300	1,440	200	—	—	—
六月	—	—	—	—	—	150袋	2,000
七月	230	250	288	200	—	—	—
九月	—	—	—	—	—	3,000瓩	—
十月	—	50	—	—	—	3,500	—
十一月	—	—	—	—	—	500	—
合計	4,140	1,900	7,344	1,600	30	150袋 7,000瓩	2,000

(3)　医薬品ノ補給

帝国総領事宛葡総督ヨリ大東亜戦争勃発後医薬品ノ輸入杜絶シ為

ニ収容葡人ノ治療及保健上困却シ居ル趣ヲ以テ所要医薬品購送方願出アリタルニ付、総領事ヨリ昭和十八年八月四日附ヲ以テ薬品「リスト」添付ノ上内地ニ於テ之カ購送方ノ申請アリ当方ニ於テハ人道上ノ見地ヨリ出来得ル限リ之ニ応スルヲ適当ト認メ厚生省ト協議ヲ重ネタルカ該薬品中ニハ独逸製ノモノ相当アリテ現在ニ於テハ其ノ全テハ入手困難ナルヲ以テ適当ナルモノヲ入手スヘク目下手配中ナリ。

2．無線電信ニ関スル件

「チモール」島ト葡本国政府間ノ暗号通信問題ニ関シテハ屢々外交交渉ヲ重ネタリシカ問題ノ無電台ハ昭和十八年一月以降敵機ノ爆撃ニ依リ破壊セラレテ使用不能トナリタルヲ以テ無線通信回復ノ問題ハ事実上解消シ現在ニ於テハ平文ニテ電報ヲ取次ギ居レリ。

3．帝国政府ノ「チモール」総督ニ対スル融資ニ関スル件

従来本島ノ地理的位置及蘭印ノ経済的影響ニヨリ葡領「チモール」ハ嘗テハ蘭貨盾ヲ通貨トシタルガ後澳門植民地ノ管轄ニ属ス事ニナリタル為一八八〇年以降同地ト共通ノ「パタカ」貨ヲ通貨トシテ採用シ一八九四年之ヲ法貨トシ文武官ノ俸給ハ本「パタカ」貨ヲ以テ支払ハルルコトトナリ国立海外人口〔銀行〕「バンコ・ナシオナル・ウルトラマリノ」ガ紙幣発行ノ権能ヲ有シ来レリ。

我ガ皇軍ノ昭和十七年二月本島進駐以来本島総督府ニ於テハ外部トノ連絡杜絶シ従来保管シアリタル「パタカ」貨モ次第ニ手持薄トナリ官吏ノ俸給其ノ他経費ノ支弁ニ差支ヘルニ至リタルヲ以テ「ディリー」

市長ハ今後ノ対策トシテ「マカオ」ヨリ二三十万「パタカ」ノ紙幣ヲ取寄セル計画ヲ樹テ昭和十八年六月総督ヨリ右ニ関スル本国政府宛諒解取付電報ノ取次方ヲ在「ディリー」帝国総領事へ左記要領ニ依リ依頼シ来レリ。

記

当総督府ニ於テハ収入皆無ノ為既ニ手持紙幣ハ消費シ尽シ遠カラズ官吏俸給ノ一部支払サヘモ不可能ニ陥ルヘキニ付澳門又ハ其ノ他ヨリ大小各紙幣取混セ三十万「パタカ」送金方御配慮アリ度、又日本軍ヨリ供給ヲ受ケ居ル小麦粉、砂糖、其他ノ代金「パタカ」支払ハ困難ナルニ付之カ決済方法ニ付日本政府ト協議アリ度。

右ニ依リ政府ハ関係方面ト協議シ一応「パタカ」紙幣ノ取寄ハ輸送関係ヨリ見ルモ困難ナルベク政府トシテハ軍票ノ貸与或ハ南方開発金庫ヨリ「ナ、ウ」銀行〔国立海外銀行〕「デイリー」支店ニ対スル南発券ノ貸付（一般商取引）ノ方法ニ依ルベク研究スルコトニシ一方総督ヨリ葡本国政府宛電報ノ受付ハ暫ク差控ヘルヤウ帝国総領事宛訓電ヲナスト共ニ又不取敢「チモール」島ニ於ケル「パタカ」貨「ギルダー」貨並軍票ノ各流通状況及夫等各種通貨相互ノ関係澳門「パタカ」貨トノ関係取寄後ニ於ケル本島通貨へノ影響等研究上参考トナルベキ事項調査報告方訓電セル処右ニ対スル同総領事ヨリノ報告ハ

(1)　現在「チモール」島ニ於ケル流通貨幣ハ「ギルダー」標示軍票（発行高ハ現在約二十五万見当）及「パタカ」紙幣（約百二十万「パタカ」前後）ノ二種類ニシテ「ギルダー」其他外貨ハ流通シ居ラズ、軍票及「パタカ」ノ比率ハ客年二月皇軍ノ進駐当時布告ヲ以テ等価ト規定セルモ其後軍ニ於テハ関係取引ハ一切「パタカ」ヲ

受付ケサル為一般土民モ之カ受取ヲ喜バス下落ヲ辿リツツアリ若シ今後葡側計画通増発ヲ行ヘバ右下落ニ拍車ヲカケル結果トナル。

(2)　「チモール」島ニテハ澳門ト同様「バンコ、ナシオナル、ウルトラマリノ」銀行発行ノ「パタカ」紙幣ヲ使用シ来レルモ紙幣面ニ支払地ヲ「チモール」ト追記シ澳門流通ノ分ト区別シ居リ、戦前ノ為替相場ハ何レモ香港弗ト等価ナルコト。

(3)　本島カ事実上他地方ト異ラサル皇軍ノ占領地域ニシテ葡萄牙ノ主権ハ有名無実即実質的ニ主権ナキモノニシテ右ニ対シ通貨ノ濫発ヲ認ムルハ本島ノ経済ヲ攪乱セシムル惧アリ、又土民統治並ニ我方将来ノ通貨政策ニ及ホス不利ナル影響鮮カラサルコト。

(4)　以上ヨリシテ「パタカ」取寄案ヲ中止セシメ其ノ代案トシテ食糧購入及補給問題ニ関シ先方ニ於テ希望セバ我方ニ於テ軍票適当額貸与スルモ可トシ、又若シ本国政府ニ対スル連繋等ヨリシテ独断決定ヲ困難トスルニ於テハ我方ニ於テ食糧購入及補給（之カ代金取立ハ後日ニ譲ル）ニ付更ニ具体的ニ考慮シテ其ノ希望ニ応スル用意アル旨ヲ申入ルルコトノ可否等ニ付イテ申越シタリ、政府ニ於テハ更ニ銀行間ノ取引トシテ貸与スル方法ニ付参考ニ資スベキ必要ナル事項トシテ

(1)　総督側取寄希望ノ三十万「パタカ」ニハ日本軍ノ供給物資ニ対スル支払資金ヲ含ムヤ否ヤ

(2)　総督府ノ所要資金一ヶ月分平均及七月以降本年度内ノ所要見込（但次項ヲ除ク）

(3)　日本軍ノ供給物資ニ対シ一ヶ月間及本年度内ニ於テ支払ヲ要スル金額見込額（何レモ軍票単位ノコト）

(4)　最近ノ軍票対「パタカ」ノ公定及市中相場、以上ヲ帝国総領事へ問合セタルニ右ニ対スル報告トシ

(1)　我軍ノ供給物資支払資金ヲ含ム

支出予算ハ目下極度ニ緊縮シ官吏ノ俸給亦一部ノミ支払ヒ居ルコト

(2)　居留民ノ救済費カ大部分ヲ占メ居ルガ最少限月額三万「パタカ」ヲ要シ七月以降年内ノ所要額ハ十八万「パタカ」ノ予定、尚収入ハ皆無

(3)　従来ノ要求物資ハ小麦粉（三百円）砂糖（百円）ヲ主ナルモノトシ一月以降ノ平均ハ五百円、今後ニ於テモ米、玉蜀黍、肉類、薯ノ入手ニ付彼等ニ従来同様ノ便宜ヲ供与シ可及的自給自足手段ヲ講セシムレバ供給物資ハ今迄通リノ金額ニテ差支ヘナシ

(4)　公定相場ニハ変動ナク市中相場ハ小額ノ取引ニハ軍票ト等価通用差支ナキモ多額ノ場合ニハ土民ハ「パタカ」ヲ全然受取ラス従テ相場立タス、尚本島目下ノ経済ハ軍ヲ中心トシ土民トノ間ニ物々交換カ行ハレ居リ物価及通貨等ニハ一定ノ相場ナシ

仍テ政府ハ関係方面ト種々研究シ左ノ解決案ヲ帝国総領事へ電報スルト同時ニ総督ニ日本政府ノ好意ニ依ル本解決案ニ依ル以外方法ナキ旨請訓セシムル様訓令ヲ発シタリ

(1)　「パタカ」紙幣ノ取寄ハ時間ト輸送ノ関係ヨリ見ルモ事実上困難ナルヲ以テ取寄ニ依ル方法ハ放棄セシム

(2)　南方開発金庫ヨリ「ナ、ウ」銀行「デイリー」支店ニ対シ総督府所要資金相当額ヲ貸付ス

(3)　総督府ハ「ナ、ウ」銀行支店ヨリ所要資金ヲ南発券ヲ以テ借リ上

グ

(4) 俸給其ノ他諸経費、日本軍供給物資ノ代金等ノ支払ハ南発券ヲ以テ之ニ充ラシム

(5) 南発ヨリ「ナ、ウ」銀行支店ニ対スル貸付ハ無利子無担保ニテ可ナルコト

(6) 右貸付金ハ東京ニ於テ円ヲ以テ返済ヲ希望スルモ若シ困難ナラバ当分ノ間据置ニテ差支ナキコト

(7) 右ニ依ル解決決定セバ「ナ、ウ」銀行支店トノ交渉ハ台湾銀行「クーパン」出張所員ヲシテ之ニ当ラシメ出張所未設置ナラバ必要ナル南発職員ヲ派遣スルコト

帝国総領事ハ右訓令ニ基キ葡総督ト接渉セル処銀行間ノ取引ニ付総督府カ直接借入ルル場合ハ素ヨリ銀行間ノ取引ニ於テモ一応本国政府又ハ本店ノ了解ヲ得サレハ困難ニシテ総督トシテモ之ヲ強制スル権限ナク従テ銀行ヲ仲介トスルコト不可能ナル為直接南発金庫ヨリ総督ニ対シ、貸与スルノ方法ニ依ルヲ希望シ越シタリ、茲ニ於テ当局ニテハ更ニ関係各省ト協議ノ結果最終的決定ヲ左ノ如キ要項ニ依リ「チモール」島財政問題ヲ処理セシムル様計ラシメタリ。

(1) 融通金額ハ南発券四十万盾トシ成ルヘク五盾以下ノ小額紙幣ヲ以テ引渡スコト

(2) 融通方法ハ「ナ、ウ」銀行経由トスルヲ希望スルモ已ムヲ得サルトキハ総督ニ対スル直接貸付トナスモ差支ヘナキコト

(3) 無利子、無担保、期限一ヶ年トシ総督ノ申出ニ依リ無条件更新ヲ認ム

(4)　返済地其ノ他返済ニ関スル一切ハ日本葡萄牙両政府ノ協議決定スル所ニ拠ル

(5)　俸給其ノ他諸経費、日本軍供給物資ノ代金等ノ支払ハ南発券ヲ以テ之ニ充ラシム

(6)　右ニ依ル解決々定セハ「ナ、ウ」銀行支店トノ交渉ハ台湾銀行「クーパン」出張所員ヲシテ之ニ当ラシメ出張所未設置ナラハ必要ナル南発職員ヲ派遣スルコト。

以上ヲ在「ディリー」総領事ヲ通シ総督ニ申入レタル処総督ハ全面的ニ之ヲ受諾シ昭和十八年十一月八日南発側代理人台銀「クーパン」出張所支配人ト総督府側代表者「フエレイラ」総督及「タロン、ゴメス」財務部臨時部長トノ間ニ借款契約ノ調印ヲ了セリ（契約書別紙）。
而シテ契約成立ト同時ニ開発金庫側ヨリ南発券金拾万「ギルダー」ヲ総督府側ニ引渡シヲ了セルカ残額三拾万「ギルダー」ニ関シテハ同支配人ヨリ総督宛拾万「ギルダー」預リ証三通ヲ交付シ何時ニテモ預リ証引換ヘニ紙幣ヲ野戦倉庫ヨリ引渡スコトニ取計ヒタリ。

別紙

借款締結書

南方開発金庫代理人株式会社台湾銀行「クーパン」出張所支配人妹尾徳郎（以下甲ト称ス）ト葡領「チモール」植民地代表者タル同植民地総督「マヌエル・テ・アブレウ・フエレイラ・テ・カルバリヨ」並ニ臨時中央財務部長「アドルフオ・マリア・タロゾ・ゴメス」（以下乙ト称ス）トノ間ニ「チモール」島「デイリー」市ニ於テ左記条件ニヨリ

第一条　甲カ乙ニ対シ融資スル南方開発金庫券四拾万盾也ハ葡領「チモール」植民地財政所要資金ニ充当サルベキ事

第二条　本融資金ハ無利息、無担保トス

第三条　本融資金期限ハ契約ノ日ヨリ向フ一ヶ年トスルモ乙ノ申出ニヨリ甲ハ右期限ノ更新ヲ認ム

但シ乙ニ於テ右期限更新希望ノ節ハ期限到来一ヶ月前ニ「デイリー」市駐在大日本帝国総領事経由文書ヲ以テ其ノ更新理由ヲ通知シ甲ノ承諾ヲ受クベシ

第四条　本融資金ノ返済方法ハ大日本帝国並ニ葡国両政府協議ノ上決定サルベキ事

本日本借款ヲ締結シ甲ハ乙ニ対シ南方開発金庫券四拾万盾也ヲ手交シ乙ハ甲ヨリ同額受領セリ依而本契約成立確認後日ノ為メ甲、乙共ニ署名スルモノナリ

本契約書ハ日本語及ビ葡国語ヲ以テ夫々各弐通ヲ作成シ甲乙共ニ各一通ヲ所持スルモノナリ

昭和十八年十一月八日

南方開発金庫代理人

株式会社台湾銀行「クーパン」出張所

支配人　妹尾徳郎

葡領「チモール」植民地代表者

「チモール」総督府総督

葡領「チモール」植民地総督府

臨時中央財務部長

第2部　ポルトガル側史料

1944年３月

１．視察員将校シルヴァ・エ・コスタ大尉のチモール視察に関する訓令

Instrucçoes A Sequir Pelo Oficial Inquiridor, Capitão Silva E Costa, Na Sua Missão A Timor

植民地省
大臣官房

第７号Secにて約束した通り、マカオからチモールへ派遣されるコスタ大尉に対する指示を以下伝達する。

同大尉は、本指示に記載されていること以外の事柄に関しても、視察の中で関心事と思える点については確認作業を行うこと。

後述する事項は、チモール及び日本人の活動に関して政府がすでに入手している情報の一部である。しかしながら、情報の正確性並びにそれらをもたらした人々の思いも、実際に確認することによって補完されなければならない。

その１

大尉は、フェレイラ・デ・カルヴァーリョ（Ferreira de Carvalho）〔総督〕に対して、なぜ〔わが国〕駐屯軍をもってして日本の侵略に対抗しなかったのかを質問すること。駐屯軍が小規模であることは、日本軍の侵攻に対して何ら対抗措置を取らなかった理由とはならないことを伝えること。

さらに、私が電文にて通達したとうり、オーストラリア軍と合流し

て共同作戦を取ることができないから武力で日本軍の侵攻に対抗出来なかったという理由も、正当なものとはならないことを伝えるべきである。

オーストラリア軍が撤退し、彼らと連合して戦えなかったのであれば、〔わが駐屯軍〕単独でそれに当たるべきであった。

日本の侵攻に際して、フェレイラ・デ・カルヴァーリョが取った消極的かつ無関心な態度の動機とその理由を明確にする強い希望を政府は有している。なぜ彼はディリに残り、我が軍とともに内陸部へと避難しなかったのか、その理由も明確にしたい。今一度強調するが、侵攻した日本軍に勝利し得るほどの規模のポルトガル軍が駐屯していなかったことは承知している。しかしながら、いったいなぜ駐屯軍が何ら行動を起こさなかったのかについての説明はないし、総督が取った措置の理由を是非とも明確にしたい。

その2

〔ティモールにおける〕ポルトガルの主権に対する、そして住民に対する日本人の態度を確認する必要がある。

それ故に、大尉は以下の点を最低限確認しなければならない。

ア）ポルトガル国旗は植民地行政機関の建物に掲揚され続けているか。ポルトガル国旗を冒涜する行為はなかったか。ポルトガル国旗に対して敬意が払われているか。

イ）フェレイラ・デ・カルヴァーリョ〔総督〕の状況。
実質的に捕虜となっているのか。

ウ）彼は植民地行政に関する活動を行っているか。

エ）植民地の経営はどのようになされているのか。誰がそれを担っているのか。

オ）植民地の住人と総督は自由にコミュニケーションを取れるのか。

カ）植民地に流通している通貨は何か。発券銀行の活動はどうなっているか。

その3

原住民を巡る状況

ア）原住民はポルトガルの主権を尊重しているか。

イ）食糧事情。食糧は十分か。

ウ）物質的状況。布や衣類はあるか。農機具はあるか。

衛生状態

医薬品は十分か。医師は原住民に対して医療活動を提供しているか。医師は日本人か、ポルトガル人か。

その4

欧州系住民を巡る状況

原住民を巡る状況に関する確認事項に以下の点を加えること。

ア）子どもたちを巡る状況。学校は機能しているか。

イ）女性を巡る状況。

ウ）欧州系住民は自分たちの経済活動を行っているか。

エ）仮に経済活動を行っていない場合、何によって生活を維持しているのか。窮乏者として日本から救援を受け、食料や医薬品を無料で提供されているのか。

オ）欧州系住民に対する宗教活動への支援はあるか。

カ）日本人に対する、総督に対する、そして母国に対する欧州系住民の精神的状況はどうなっているか。憤り、あきらめ、それとも無関心。

その5

総督と住民の日本人に対する態度。

日本人は、チモール上陸後、総督が日本側に対して中立的かつ公正な立場を守らず、オーストラリア人に有利となるような活動を展開したと苦情を伝えてきている。日本人はこの告発の内容を明確にしようとはしないが、それを自分たちの行動を正当化する理由にしようとしている。大尉はこの点を注意深く確認する必要がある。

私は、フェレイラ・デ・カルヴァーリョが軍事力をもって日本軍の上陸に対抗しなかったため、その後オーストラリア側に有利とみられるような態度をとったり、また公正とは言い難い何らかの軽率な行為をしたのではないかと危惧している。そのため、日本側から裏表があると考えられたのではないかと懸念している。

国土を侵害する行為に対して力で対抗しなかったため、その後遅きに失したが、〔日本軍〕占領に対抗しようとオーストラリア寄りの行動を起こしたのであろうか。

次に、チモールにおいて日本側が行ったとされる残虐行為のいくつかを列挙する。これらの行為が実際発生したかどうか、誇張されていないか、あるいは逆に実際はもっとひどかったのではないかを大尉は確認しなければならない。

1．1942年2月20日、日本軍がディリに侵攻した後、日本軍は原住民を扇動して商店、民間人住宅、公共施設などで略奪を行った。

2．税関では金庫室をこじ開けてすべてを持ち去った。この出来事は、日本人のイノクチ〔Inokuchi〕（「祖国と労働農業協会」会員）とともに21日に現地を訪問した税関局長によって確認されている。

3．日本海軍はディリのサン・ジョゼ学校を占拠し、物品や何千パタカもの現金を強奪した。

4．日本人兵士が公共機関の棚や家具、そして廃材をトラックに載せて持ち去り、それらすべてを薪とした。

5．総督が日本領事館において強制的に事情聴取された。

6．ポルトガル人のジョゼ・マリア・バティスタが逮捕された上、ワイヤーで縛られ、その傷が癒えるまで数ヵ月もかかった。

7．ディリに駐屯していたポルトガル軍の武器をすべて略奪し、日本製機材の購入を証明する証拠の提出を強制した。

8．ディリで病院や個人宅が捜索され、何人かの住人が乱暴な扱いを受けた。そのため、多くの人がディリから避難した。

9．行政機関に原住民の女性を提供するよう強制した。そうしなければ白人女性を要求するとし、原住民の女性を伴ってポルトガル人の家に入居した。

10．〔日本側は〕マカオのポルトガル法廷で有罪判決を受け、アイレウに拘留されていた日本人を釈放するようヴィエイラ秘書室長に命じた。伍長が同行してこの罪人は日本側に引き渡された。

11．〔当初〕日本軍は行政機関に敵意を示さなかった。しかし、占領後はポルトガル人に対し屈辱的な行為を強要した。日本兵及び日本国旗に敬意を表するよう求め、ポルトガル国旗に対しては完全な侮辱的態度を表し、銃の手入れ用の布に破れたポルトガル国旗を利用するほどであった。数名のポルトガル人が日本兵により路上で暴力行為を受けた。路上で平手打ちをされたのは、ナショナル・ウルトラマリノ銀行の老支配人、電信技手のパトリシオ・ルース、士官候補生のジョゼ・サントス、二等税関吏のノルベルト・デ・オリヴェイラ、ソアレス伍長等、そして数名のマスコミ関係機関の職員であった。殴打された彼らは、それ以降職に就くことを拒否した。

12．ポルトガル人が路上にて貴金属、皮製ベルトなどを奪取された。

ハトリアにおいては、宣教師の家が襲われ、衣類や履物が奪われた。被害にあった宣教師、カルロス神父は、この事件について苦情を申し入れるべく日本人将校を訪問したが、驚くべきことにその将校は略奪された宣教師の靴を履いていた。そして、この日本人将校は宣教師を嘲りながら門前払いしたのである。このように将校たちも略奪に関与していた。

13. ある銀行員は、白昼二度にわたり日本兵が銀行に押し入ろうとするのを目撃した。この銀行は占領第一日にはやくも被害を受けていた。その時の被害は書類などの散乱に留まり、こじ開けようとした痕跡はあったが金庫は開けられていなかった。

14. トタンやドアを利用する目的で家屋を壊したり、果物を手に入れるために果樹を切り倒した。

15. エルメラにて駐屯所長コルヴェロ伍長と看護士を逮捕し、その他ジョアキン・ブリッテス・カシャッソ・エ・フロリンド、通称ジョアキン・フロリンド等民間人数名を捕らえ、オーストラリア人の潜伏先の情報を得ようと手荒く扱った。

16. 国外追放者のポルトガル人、ラーモス・グラッサは、オーストラリア人の所在を知らないと答えたためにレメシオの自宅で惨殺された。

17. バザールテテでは、オーストラリア軍ゲリラによって蒙った損害の責任を取らせる形で、駐屯所長を反逆罪で逮捕しディリへと連行した。

18. レメシオにおいて、日本兵は恐怖に駆られ逃亡しようとした4名の原住民警察官を捕らえ、縛り上げた後わらの小屋の中に閉じ込め、生きたまま焼殺した。

19. 日本人は、モーター付きの「オクシ号」を含む政府の全船舶を奪い、何らの〔必要な法的〕手続きもせずに使用した。

20. 日本人は、現地行政機関の協力を期待していた。この点に関し、日本側はリスボンより〔その旨に関する〕指示が届くはずだと主張した。現地行政当局は可能な範囲でそれに応えようとし、ディリから原住民が物品販売のために訪れるようにした。日本人はそれらの商品に対して呆れるほどの安値を提示し、原住民は殴られた後にその価格を受け入れざるを得なかった。

21. ディリのラジオ局がオーストラリアに情報を流しているとの理由で（まったくの偽情報であるにも関わらず）、何ら事前検査なく、5月29日に同ラジオ局の職員を逮捕し、〔施設を〕有刺鉄線で囲って閉鎖した。ラジオ局の返還要求は一切受け入れられなかった。

22. 中立違反を犯したとして日本軍司令部は、四名の職員の処罰を要求した。総督が彼らを処罰しない場合は、自分たちで行うと日本側は主張した。このことにより、ディリ郡行政官ロウレンソ・マルケスは職務を停止され、さらにモレイラ・ラット駐屯所長、アラニャード軍曹、ならびにヴァス伍長が懲戒処分された。この処罰がその後どのようになったのかは把握されていないため、この点も要確認事項である。

23. 日本当局は、欧州系住民と行政機関をディリ及びバウカウへと移動させることに同意したが、総督の同行を阻止した。家族が出発した後に総督は捕らえられ人質となった。

24. 日本軍は8月10日にスアイの対岸に上陸し、ロロトイ駐屯所長、ポルトガル人の退役軍人ロペス中尉ならびにレベーロ伍長を捕らえ、彼らを殴打して金品を奪った。

25. 日本当局は原住民とともに、拘留中の犯罪者を解放した。解放された犯罪者たちはオランダ領チモール人の「ならず者」と結託して、殺人者集団を組織した。これらの集団は「暗黒団」として知られるようになった。これらの集団は日本軍の保護のもと、襲撃や蹂躙を繰り返し、次項より記述する略奪や殺人を行った。小規模のポルトガル軍が植民地内陸部で原住民の秩序を維持していたものの、日本軍がその活動を妨げたため、事態はさらに悪化した。

26. 8月18日、暗黒団はマウビッセにて国外追放者のポルトガル人、パウロ・フェレイラ、ディオニジオ、そしてファリア・ブラガや、マルティンス・コエーリョ軍曹を殺害した。

27. ファウスティーノ伍長は国外追放者のマリスとともにマペから脱出したが、両名とも逃亡中に射殺された。犯人が原住民であったのか、日本人であったのかは不明である。

28. ファトゥルリックにおいて暗黒団はバティスタ伍長を殺害、その身体をバラバラに切断した。

29. 10月1日、アイレウ周辺に強力な日本軍と、留置所から解放された原住民、殺人者や泥棒などで構成された暗黒団が到着した。集落にはポルトガル軍警察が宿営しており、ポルトガル人司令官は日本人将校に面会し、暗黒団を警戒する必要があると伝えた。日本人将校は集落の安全を保障すると言っただけでなく、ポルトガル人司令官に、日本軍とポルトガル軍警察との間に混乱が発生しないよう、集落を離れかつ武器を武器庫に保管しておくよう要求した。そして、ポルトガル人司令官はその要求を受け入れた。

しかし、夜になると暗黒団は集落を襲い、集落だけでなく軍警察の宿営地も、手榴弾や一斉射撃の攻撃を受けた。欧州系住民や原住民、そして欧州系軍人、ジュリオ・コスタ、アルヴァロ・マイエル、エヴァリスト・マデイラ、フロリンド、フレイレ・コスタ司令官夫妻、ゴウヴェイア郡秘書官、ディニース・ペドローゾ医師などが殺害された。後半に挙げた人々は、残虐な方法で殺害されるのを恐れて自殺したとも言われている。大金が保管されていた郡の行政当局の金庫がこじ開けられ、略奪を受けた。ポルトガル人民間人は森に逃げ込もうとしたが、看視兵に見つかって捕らえられ、犠牲者を埋める作業に従事させられた。その後、徒歩でディリへ行くよう命じられた。その中には、郡の行政官ドゥアルテ夫妻もいた。

30．アイレウでの虐殺の数日後、暗黒団はバザールテテの行政機関施設に放火した。駐屯所長のモレイラ・ラットとその家族、そして民間人のジョゼ・サンタは、徒歩で何とかリキサへと逃げた。

31．10月2日、日本軍はアイナロの集落に到着した。宣教師のノルベルト・バロスとアントニオ・ピレス、国外追放者のポルトガル人ルイスが捕らえられた。この不運な三名は教会へ連行され、日本人によって銃剣で殺害された。〔同行していた〕原住民は殺人者や泥棒であったが、無実の神父を殺害することは拒否した。教会や宣教師の宝石などが奪われ、聖像は破壊された。

32．ポルトガル人のラマーリョ中尉はマウビッセ近郊に小規模の警察部隊とともに野営していた。その時、日本軍に襲撃されて武器を取り上げられた。歩哨は殴られ、全部で26丁のライフルが奪われた。

33．ボボナロにおいては、アビリオ・フレイタス軍曹とロドリゲス伍長が、日本人が馬や馬具を含め、すべての装備を警察兵舎から持ち去る場面を目撃した。

34. 在チモールローマ法王庁管理官ジャイメ・グラール神父は、バウカウ近くで逮捕され暴行された。

35. オッス地区の日本軍は、原住民に対しすべての欧州人に敵対して反乱を起こすようプロパガンダを行い、何人もの首長にそのためにディリへ武器を取りに行く際の通行の自由を保障すると伝えた。しかしながら、この申し出は受け入れられなかったようである。

36. 10月14日、日本軍と暗黒団はジョアキン・ペレイラの交易商店を襲った。彼はディリ近くのヴィガリオに妻や娘、義父母や義姉妹、そして姪達と暮らしていたが、そこで生後間もない子どもを含めた13人全員が虐殺された。これは、〔日本軍による〕残酷な復讐であった。

以前、彼の老義父のセバスティアォン・コスタの、二人の娘に乱暴しようとした二人の日本人を、息子と使用人たちが殺害するという事件があり、それ以降セバスティアォン・コスタ一家はジョアキン・ペレイラの家に避難していたのである。その場から逃げ延びたマヌエルと言う名の彼の息子のその後の行方は不明である。

37. レテフォホの施設は、日本兵の保護を受けた暗黒団によって放火された。すべてが焼き払われ、マカオ人で国外追放者のアウグスト・フェレイラ、通称ロンドンが殺された。

38. 1942年11月13日、日本兵は暗黒団と犯罪者を保護下に置きつつヴィラ・マナトゥトに進入した。メンデス・デ・アルメイダ行政官と、駐屯所長パディーニャが殺され、後者の心臓が引き裂かれたとも言われている。その後、一団はラレイアへと向かう途中すべてを焼き払いながら進んだ。バウカウへと向かい、そこでもあらゆる物を奪い、ポルトガル人全員を捕えた。その後、ラウテンへと進撃し、そこでマヌエル・バロス地区長夫妻、アレグリア伍長を殺した。さらにフルトゥナット・モウラォン郵便局長と数名のポルトガル人を殴打した。

39. オーストラリア人に対して信号を送信しているとの嫌疑によってディリで逮捕されたコレイア・テレス氏の釈放に関しては、「祖国と労働農業組合」のサガワ〔佐川〕の介入が寄与した。

40. 1943年の８月中旬、マナトゥトにおいてオーストラリアの航空機が墜落し、その操縦士は負傷していたため、バウカウから34キロ離れたケリカイ病院に収容された。日本人は、情報を収集するためにマナトゥトにてドゥルモン・メネゼス地区秘書官を逮捕した。その後、ケリカイへと移動し、コレイア・テレス氏夫妻を厳しく尋問した。その際、日本人は次のように表明した。「〔チモール〕島は日本の統制下にあり、中立は認められない。」

日本人は、アラブ人に対して、アジア民族解放のための戦争を行っているので、ヨーロッパ人を殺しても良いと告げている。

前述の11に関しては、電信技手パトリシオ・ルースは一旦オーストラリアへと逃げ延びたが、その後地区長のピレス中尉とともにチモールへ戻ったという情報がある。彼らは多くの忠誠な原住民に守られて山間部に隠れている可能性がある。

ついては、彼らに対して罠がしかけられないよう、大尉は帯同している質問・確認事項を記す際、彼らの名を明記しないほうが良いと考える。さらに、たとえ悪意がなくとも原住民が彼らの隠れ場所を明かしてしまうことのないよう、聴き取りの際にも彼らの名を持ち出さないほうが賢明と思われる。

さらに、36のマヌエルに関しても、逃亡後同じように山間部に隠れている可能性があるので、同様の対処法が求められる。

他に、ポルトガル人で殺害された人物が数名報告されているが、彼らは銃を持ってオーストラリア人とともに交戦したので殺されたことが判明している。そのため、彼らの名はこの指示書に明記せず、かつ大尉の調査対象にもならない。しかしながら、どのような事態が発生したのかを確認するに越したことはない。

2. シルヴァ・エ・コスタ

チモール事情報告書

Caso Timor Relatõrio

植民地省

大臣官房

序

シルヴァ・エ・コスタ大尉は、日本人と接したことがない、または経験の少ない読者にとっても、内容が理解し易くなるよう、会議内容、そしてその他の場面で日本側と交わされた意見や会話を注意深くかつ詳細にわたって記述することを通して本報告を行う。

ポルトガル人が居住する地区以外は防衛上の理由で立ち入りを許可できないと日本側が主張し、視察地域がポルトガル人居住地区に限定されたため、コスタ大尉は本国より受けていた任務のすべて〔第２部史料１参照〕を遂行することは出来なかった。それ故に、日本軍によるとされる暴力の司法的な証拠の入手は実現しなかった。

日程的に限られた視察であったこと、さらに聴取した人々の感情的な発言もあったことを考慮した場合、本報告内容と実際の事実との間に若干の相違が将来確認されるかもしれない。しかし、それらの相違点は、チモールの現状に関する本報告書の評価に大きな影響を与えるものではないと考える。

第1部

マカオからチモールへの旅　―　福井〔保光領事、1945年2月暗殺〕氏の付き添いで、香港への定期船に乗り込み、マカオを〔1944年〕3月5日夕刻に出航し、翌6日の朝香港に到着する。

香港政庁外務部の高官2名が港で待ち受けていた。到着後「松原ホテル」へと移動し、香港の陸軍・海軍関係者に挨拶した後、香港ホテルにて陸軍参謀長主催のヨーロッパ式の昼食会に出席した。夕食会には、この陸軍参謀長と、駐東京ポルトガル領事アブランシェス・ピントの義理の兄弟である海軍参謀長が参加した。夕食後2軒のバーに連れて行かれたが、それらの店で働く女性の多くは、行政上（?）、国境付近上（?）、香港のポルトガル人と称していた。

翌7日に空港へ向かうが、台北の気象状況が悪いため、飛行機が離陸出来ず、ホテルへ戻って長時間待機することになった。外務部高官と夕食を共にすることになったが、食事の途中で広東まで船で移動しそこから飛行機で台北へ向かうとの連絡が入ったため、夕食は中断された。

日本側はコスタ大尉の旅が快適なものとなるよう努めていたようであるが、後述する報告書の内容からも理解していただけるとおり、航程の変更ひとつをとっても、日程や時間の変更は頻繁に行われた。

船は20時に出航し、翌8日の15時に広東に到着した。コスタ大尉の宿舎には大将の居室が提供され、大尉は海軍の代表者と陸軍参謀長代理の表敬を受けた。翌９日朝に飛行機で台北に向かい、４時間後に着陸した。総督補佐官、外務部の高官２名、在ディリ日本領事館の新任領事で大尉の通訳として随行することになる細川宗太郎、そしてチモールまで同行することになった加藤丈夫中佐が空港に出迎えていた。

当時食糧割り当てがかなり制約されていたにも関わらず、現地の総督は皆にワインや果物を振る舞った。この日を除き、チモールでの大尉の食事には常に多くの出席者があった。厳しく制限された食糧事情の中、大尉との食事会では少しでも良質な食事を口にすることができるため、日本の職員たちがこぞって参加したのである。

現地の総督との夕食の後、チモールにおいて実施される作業に関する初めての打ち合わせ会議が、新任の細川領事との間で持たれることになった。もう２名の視察団メンバー、外務省の職員〔曾禰益、第１部日本側史料１参照〕と大東亜省の職員はまだ一行に合流していなかったが、会議はそのまま開催された。

会議の席上、日程は次のように説明された。台北→マニラ→ダバオ→メナド→アンボン→チモール。帰路も同様な航程ながら、そこに台北→東京、台北→香港、マカオが付け加えられた。会議の中で日本が主張したのは、チモールが頻繁な空爆を受けており、危険性が高いため現地での滞在は短いことが望ましいと言うことであった。それに対して、コスタ大尉は次のように答えた。

「危険を理由にチモールでの滞在を一日たりとも短縮するつもりはない。ただしそれは不必要に長期滞在することを意味するわけではなく、本官が最低限必要と考える期間滞在するということである。そして、滞在中の移動手段などの便宜が供与されたとして、必要日数を15日と考える。」

滞在日数に関する意見の対立は続き、コスタ大尉は最終的に、「本官のために日本側視察団が危険に身をさらす必要はない。そこで、まず日本側が自分たちの視察を終え、その後安全と考えられるアンボン島へ日本側のみが帰ったら良いのではないか」と提案した。

10日、大尉は細川と加藤とともに観光用飛行機にてマニラへと向かった。4時間ほどの飛行の後マニラ空港に降り立ち、そこで軍司令部、大使館、陸軍そして海軍の代表者たちに出迎えられた。その後マニラホテルへ移動し、コスタ大尉は〔ダグラス・〕マッカーサー将軍が投宿した部屋を割り当てられ、日本側は隣室に投宿した。

視察旅行中、日本側は常にコスタ大尉の隣室に宿泊するようにした。この点に関するコスタ大尉のコメントは、以下のとうりである。「マカオを離れて以来本官はありとあらゆる注目や注視に囲まれた囚人であり、皆が様々な方法で本官を楽しませようとするが、実質的には常に囚人でしかなかった。」

夜、大使館の参事官主催の夕食会が催され、翌日の昼には現地陸軍の参謀長が慣例に従ってタバコや葉巻などを贈った。日本側のもう2名の視察要員が悪天候のため日本を出発出来なかったため、14日までマニラに滞在することになった。マニラの市街やその周辺を散策するが、すべてが停滞しており、商店には商品がなかった。そして、フィリピン人は、ほとんど軽蔑と憎悪とまで言えるような態度で日本人を無視していた。食糧事情は悪く、パンすらなかった。さらに、フィリピンが巨大な砂糖産出国であるにも関わらず、未精製の赤砂糖しか見当たらなかった。現地の人々の様子は悲惨であった。

13日、コスタ大尉のカバンが物色された気配があった。目印としていつも同じ場所に置いておいた物が動かされていたことにコスタ大尉は気付いたのである。その結果、コスタ大尉に仕えていた従業員全員が交代させられた。

その後、この物色を証拠づける事実をコスタ大尉はアンボン島でも確認することになる。細川が、チモールにおいて車両につける旗を持参しているかとコスタ大尉に聞いて来たのである。事実、コスタ大尉は荷物の中に旗を持っていた。

ようやく視察団のその他の要員たちが到着した。外務省〔政務二〕課長の〔曾禰益〕と大東亜省書記官のイシ（Ishi）であった。最初の人物は非常に頭脳明晰で、いくつかの言語を話し、ヨーロッパにおいてすでに2度も日本を代表した経験〔在外勤務〕を持ついかにも日本人的な人物であった。コスタ大尉にとってこの人物は大変危険な存在であり、彼はコスタ大尉に対し、ただの一度も隙を見せることはなかった。酒も良く飲んだが、決して酔うことはなかった〔曾禰報告3月13日のコスタ評参照〕。

14日、悪天候下にもかかわらず爆撃機でダバオへ向け出発し、3時間15分ほどの飛行で到着した。ダバオの日本占領軍は小規模なもので、大尉は陸軍高官とフリゲート艦艦長に出迎えられた。空港から町へ向かう道中、コスタ大尉は初めて戦争捕虜の一団に遭遇した〔曾禰報告3月15日参照〕。アメリカ人とフィリピン人捕虜は別々に労働させられていたが、彼らは同じくほとんど裸に近く、素足同然であった。現地人の服装も悲惨なものであり、まるでポルトガルのアフリカ植民地の原住民のように、小さな布片を纏うだけで、かつ裸足であった。

夜、総領事主催の晩さん会が開かれ、そこで淀川〔正樹、駐ティモール総領事〕は酔っ払い、「太平洋は我が海である」と言い、戦争が終わったら日本が世界を支配するとも言い放った。視察団団長は、この騒ぎにより淀川を厳しくしかりつけたようである。

木曜日、今度はエンジントラブルによって出発が遅れた。16日にアンボン島を離陸し、セレベス島の――？――にて給油し、メナドへと向かった。1万マイル（？）以上の飛行経験を持ち、日本で最も優秀なパイロットのひとりで、なおかつ特別な任務にしか就かないと言われる奥田飛行士による操縦であったが、嵐の中、航空機は一時間近く空港を探してメナド上空を旋回した。

マニラから東京までの移動のほとんどは、〔無線〕方向探知機も飛行用の計器類を持たない爆撃機によって行われ、有視界飛行を強いられるため、悪天候にもかかわらず海面から200～100メートルの高度で飛行することもあった。

メナドへの着陸は悪天候のため18日になった。

現地の住民は日本人に対して恐怖感を抱いているようであり、道を歩く女性たちさえも彼らに挨拶するために帽子を脱いでいた。

コスタ大尉は髭を剃るために1人で散髪屋へ行き、その散髪屋がわざわざ隠し持っていた良質の道具でサービスを提供してくれたので、大尉はその散髪屋が日本人でもなく、ドイツ人でもないことに気付いた。

現地の視察が続く中、コスタ大尉は温泉を訪問し、そこで初めて日本式の入浴、いわゆる共同浴場を使った。晩さん会では写真が撮られ、日本人は酒を飲んで酔っ払った。ただひとり、同僚たちの軽率な行為や失態を恐れた視察団長だけは酔わないよう心がけ、当惑しながらコスタ大尉とともにホテルへと戻った。

18日　――？――、――？――アンボン島　2時間10分ほど移動し、日本陸軍野営地の将軍の宿舎に投宿した。そこでコスタ大尉を補佐する任務を命じられたのが和田中尉（または少尉）であった。この将校は長年にわたりパリの日本大使館に書記官として勤務した経験があり、正確な英語とフランス語を話した。

投宿した野営地は非常に適切に造られたものであった。設営前にしっかりとした事前調査が行われ、その結果をすべて反映して設営されたように見て取れた。

夕食前に淀川が現れ、チモールから連絡が入り、総督と日本側関係者との間で日程を4～5日に設定し、尚かつ視察には日本側も同行することが合意されたとコスタ大尉に通達した。

コスタ大尉は、チモール総督も日本側関係者も自分が帯びてきた命令・指示の内容を知ってはおらず、両者の間で合意されることは何もない、また、滞在日数は大尉本人が必要と考える期間であり、日本側の同行に関しては、それこそ大尉が受けた命令にまったく反するものであると答えた。

コスタ大尉は、4～5日だけならば視察を取り止めて帰国したほうがましで、日本政府がこの視察に同意したにもかかわらず、この場に及んでその自由を制限することは理解し難いと訴え、視察が中止になった場合に関係者が取らされる責任を考えるよう主張した。この日程の短縮は本国政府によるものでなく、現地当局者による決定に過ぎなかったようであるが、日本側関係者はその責任を負うと主張した。

いつものことながら、日本側とは何ら合意は達成されていなかったのである。

コスタ大尉は、日本側が提示したどの案にも合意しなかった。そして、後にチモール総督の言葉によって裏付けられることになるが、やはり総督と日本側の間には合意など何もなかったのである。

日本政府は、コスタ大尉のチモール視察を出来るだけ短いものにしたい意向を持っていたのかもしれない。チモールが空爆の危険に曝されていることも、これまた事実であった。さらに、ポルトガル人に友好的であったとは言えない在チモール日本総領事が、視察によって自分に対する苦情を裏づけるような不利な事実が発覚することを恐れ、日程の短縮を主張していたとも考えられる。

いずれにせよ、19日にアンボン島を出発し、ディリには2時間ほどで到着した。空港で出迎えたのはチモール総督閣下、日本副領事そして参謀長であった。

第2部

1．チモール滞在

到着第1日目は、淀川総領事への返礼で終わった。

淀川総領事は、危険性などを考慮して滞在期間をせいぜい4～5日にするべきだと強く主張しつづけ、これに対してコスタ大尉はこれまでと同様の答えを繰り返した。さらに、コスタ大尉は本国政府に日程の件に関して電信で問い合わせるとも主張した。

ディリの町は爆撃によって破壊されており、ポルトガル人や日本人はラハネに移り住んでいた。現地にはすでに空き家がなかったため、コスタ大尉は総督の公邸に宿泊することとなった。

チモールに到着した日、コスタ大尉は日本総領事に対し、ポルトガルの中立性を侵害するものとしてポルトガル側関係者が訴えている事項・案件に対する日本側の反論とその根拠及び証拠を提示するよう求めた。この要望に対する回答は翌日になり、総領事は必要な情報を収集した上で適宜提供すると伝えてきた。

さらに、コスタ大尉はチモールの地図を総領事に渡し、現地の両国政府機関の間で取り交わされた合意内容に従い、定められた立ち入り禁止区域、いわゆる軍の命令によって大尉の立ち入りが禁止されている地域を正確に示すよう求めた。同時に、コスタ大尉本人とその同行者たちに対して危険が及ぶような行為がなされないよう要望するとともに、今後如何なる変更も事前に連絡するよう要請した。

大尉は、責任の所在を確認しようと試みるとともに、日本軍の行動を告発する署名入りの供述書を手に入れようと努めた。しかし、多少勇気のある数名のポルトガル人が、「署名入りの告発書が絶対に日本側によって読まれないとの確約があれば、提出しても良い」と承諾した。しかしながら、大尉はそのような確約は出来ないと判断し、その入手を断念した。そこで、最初の二日間をラハネにて総督や数名のポルトガル人と話すだけにとどめた。

その際、現地のポルトガル人とチモール総督の関係を分析するため、日本側に責任があるとされる暴力や原住民の反乱に関する意見を至急とりまとめて提出するようチモール総督に要請した。

20日になってコスタ大尉は次の文面の「安全通行証」を受け取った。

所持人の身分証明

コスタ大尉の氏名及び階級

ポルトガル領チモールにて軍事行動を展開中の下記日本軍司令官〔防衛隊長、深堀遊亀少将〕は、記載の者が、日本軍関係機関の合意のもと、ポルトガル国政府より特別な任務を帯びて派遣された人物であることを証明する。

故に、必要と考えられる場合は適切な保護ならびに便宜を提供することを要請する。

日本軍司令官署名

21日朝、日本総領事がコスタ大尉に対して、曾禰団長とともに至急会議を開きたいので公邸へ来てもらえないかと書き送ってきたので、コスタ大尉は同日の10時30分に赴くと返答した。

会議は総督公邸で開かれ、総督、総督秘書室長、秘書、日本の視察団メンバー、日本総領事、そしてコスタ大尉が参加した。

曾禰は、東京とリスボン、両国政府間（ミッション間？）に誤解が生じているようだと述べた。そして、日本政府は期限を確定したのに対してポルトガル政府はそれをせず、コスタ大尉のチモール滞在は10日未満でなければならないと主張した。曾禰は、自身で期間を確定したくはなかったため、コスタ大尉に最低の日数を提示するよう要請したのである。それに対して、コスタ大尉は最低日数を10日と答え、それ以下の日数を日本側が主張する場合、もはや自分ではそれに応じるつもりはないと答えた。さらに、日本側の主張する措置を明記した書類の提出を要求した。

討議がつづけられ、日本側は爆撃の危険性を繰り返し主張した。さらに、日本総領事は視察団長の意見に反対し、書類が後にプロパガンダに利用される可能性があるとして書類は提出できないと主張した。

コスタ大尉は、総領事の行為はポルトガル政府に対する侮辱であり、紳士的な行為ではないと応じた。さらに、書類のプロパガンダ利用に関しては、数多くの証人の面前にて口頭で主張した内容を書面にできないほうが重大な問題であると主張した。そして、大尉は再度、ポルトガル関係機関に対する日本側の苦言や苦情を記した報告書の提出を強く要求した。しかし、コスタ大尉は日本側にその意思がないことに気付いていたのである。

事実、書面での回答は帰路、台湾において提出された。その書類には署名はなく、さらに問題はすでに過去のものであって日本政府には関心のないことであるとも明記されていた。それは、これほど遅くなってからでもコスタ大尉にこの文書すら提出するのを悔いるかのような内容であった。

後に、コスタ大尉は自分の苦情が正当なものであったことを日本側に納得させ得たと判断するに至った。そして、東京において外務次官と会った際にこの件に関して話し、きわめて短い視察日数に言及した。それに対し、外務次官は、チモール視察は日本側の関心事でもあり、もっと長い日数を必要とするものであったと述べた。そして、コスタ大尉は、外務次官がその直後に視察団を厳しく詰問していたことに気付いた。

コスタ大尉は、自分専用の車がないこと、そしてポルトガル人がリキサとマウバラに集中していることから、かなりの努力を強いられるがなんとか任務を達成できると判断し、会議で日本側が提示した7日の視察期間を受け入れることにした。

同日、会議終了後にコスタ大尉は日本総領事を探し、先に依頼した報告書と立ち入り禁止区域が記入された地図の提出を要求した。それに対して、総領事は文書を一切作成しないと言い、立ち入り可能区域はポルトガル人居住区だけであるとのみ口頭で説明した。さらに、総領事はコスタ大尉と同行者たちの安全のため、先頭に日本軍の護衛トラックをつけるが、彼らはポルトガル側の視察には介入しないとも説明した。

コスタ大尉は、この日本軍による先導は受け入れざるを得なかった。しかし、このことは幸いした。なぜなら、ほとんどの橋が破壊されていたため、日本軍の支援なしではそこを通過することは出来なかったからである。

この日本総領事は、コスタ大尉が出会った中で、最もつきあいづらい日本人であった。チモール総督は、コスタ大尉が主張しつづけた書面による返事を得ようと日本側に掛け合い、絶えず難しい立場に立たされていたようである。

22日、日本軍司令官がチモール総督とコスタ大尉を招待して夕食会を開催した。この夕食会は形式ばったものとはならず、参加者たちはよく飲み、日本の司令官は賓客のために歌まで歌った。コスタ大尉もお返しに歌い、儀礼的なものを一切無視して最後まで食事につきあった。このようにして、コスタ大尉は日本人との接し方をチモール総督に伝えようとしたのである。

23日の朝6時にマウバラとリキサへ向かった。かなり先行する形で先頭に日本兵の車が走り、日本の視察団の乗用車がそれにつづき、その後方にコスタ大尉・総督補佐、そして日本の視察団の車に座席がないと言う理由で日本の総領事が同乗した車が続いた。さらに、最後尾にポルトガルの旗をつけポルトガルの護衛兵を乗せた車が配置された。道路のかなりの部分が通行不能になっており、橋はなく、さらに雨によってつくられた幾筋もの深い溝が通行を妨げ、下車して車を押さなければならない事態も頻繁に起こった。日本兵の援助なくして実現不可能な視察旅行であった。

原住民の表情には活気がなかったが、それでもコスタ大尉に対して敬意を表し、挨拶していると説明された。道中、畑もいくつか見られた。

11時45分にマウバラに到着したが、現地で何らかの責任を持ち、かつコスタ大尉による聴き取りの対象者となると思われる人物が、港湾長1人のみであったため、わずか2時間しかマウバラには滞在しなかった。聴き取りの対象となるほとんどのポルトガル人は、リキサに在住していた。

マウバラにおいて、コスタ大尉は集まったポルトガル人に対して短いスピーチを行った。大尉は、チモール総督を孤立させている、日本人　——？——　——？——　——？——　とオーストラリア人の関係を知っていたので、それをふまえて集まった人々に次のメッセージを伝えた。コスタ大尉は、国家は一度たりとも諸君を見捨てたことはないと断言し、この視察旅行に関する両国間の話し合いもすでに1年以上も前から開始されていたと説明した。さらに、〔サラザール〕首相閣下が表明されたように、我々は、交戦中の一方の側につくのではなく、ポルトガル側につくべきだと訴えた。

大尉は、自分のメッセージが集まった人々の心をとらえ、彼らに勇気を与え、自分たちが見捨てられてはいないとの確信を喚起できたと感じた。そこで、コスタ大尉のメッセージを以下に文章化する。

「言いにくいことだが、最も勇敢な人たちこそ最も謙虚で、かつ何ごとにも不平をもらさない人々である。適当な時期がきたら、エリート階級の心の貧しさと一般民衆の良識的で健全な精神を伝える事実や、それに対して私が感じていることを紹介したいと思う。しかし、私がここで言及しているエリート階級についての指摘は、総督に向けられるべきものではないであろう。彼は常に堂々としたポルトガル人である。しかし、総督の周りには彼に協力し得る人材がいないのである。エリート階級の中で良識的な人々は、まさにその資質ゆえに多くがその人生を死によって断ち切られてしまったのである。私は総督が完璧な人間であるとは思わない。彼が推し進めている活動に対しては、いくつかの点で私は意見を異にしている。しかし、これほどの状況を耐え忍ぶには、極めて強い意志の持ち主でなければならないのである。」

その後リキサへと移動し、そこで民間の住居などを視察した。

マウバラと同様に、リキサにおいてもコスタ大尉は住民たちをめぐる状況を観察した。すべての住居がひとつ以上の家族によって共用されており、ポルトガル人たちはそれでも快適な環境の中で生活していた。一方で、香港とマカオから来た避難民を巡る状況は劣悪なものであった。しかし、飢餓状態の人や重病人は見当たらず、健康状態も普通に見えた。さらに、60から70歳の老人もいた。聴き取り対象者と考えられる人々からの聴取は夜もつづけられ、翌朝になってラハネへ発った。

日本側視察団はその日のうちに帰り、現地に残された日本側の護衛兵たちは居住区から少し離れた場所で待機し、居住区内ではコスタ大尉に完全な自由が保障された。しかし、ある出来事が起こった。

その出来事とは、コスタ大尉がマウバラにて集まった人々に向けスピーチをしていた際、大尉に気付かれることなく淀川総領事がそれを聞いていたことである。この出来事をふまえ、リキサにおいて集まったポルトガル人たちに同様のメッセージを伝えようとした際、コスタ大尉は注意を怠らず、淀川総領事が入室するのを確認するとスピーチを中断し、総領事をにらみつけて退室させた。

ラハネからの帰路、総領事はコスタ大尉にオクシへの視察を提案し、さらに昼食にも誘った。コスタ大尉はそれらの地の視察を辞退し、時間的制約から１時間で済ますとの条件を付けて昼食の招待は受諾した。大尉の任務に関わるのはラハネの――？――の聴き取りをすることであり、ごく少数のポルトガル人が普通の生活を送っている地域は大尉の視察対象ではなく、しかもそれらの場所へ行くことは半日を無駄にすることを意味したのである。

非常に残念なことだが、数名のポルトガル人も関わっている日本の諜報機関は、コスタ大尉が誰と話をし、どの人物と長時間話したかを把握していた。

当初はマウバラとリキサのみの視察が許可されたにもかかわらず、その他の地域への視察を淀川総領事が提案した狙いは、コスタ大尉に時間を浪費させるためであったと思われる。後に分析する総督と原住民の関係を考慮した場合、内陸部の原住民の視察に時間を割く必要性は実際にはなかったのである。

2．総督の状況

軍事作戦下にあることを理由に日本総領事への事前報告の義務があるとはいえ、唯一チモール総督のみが自由にリキサとマウバラへ行くことが出来た。

淀川は、チモール総督が今までそれらのポルトガル人居住区を訪れなかったのは、総督本人がそれを希望しなかったからであろうと主張した。しかし、たとえ総督がそれを願い出たとしても、何らかの軍事的理由をつけてそれは拒否されたであろうとコスタ大尉は考えている。

淀川総領事はチモール総督に対してこれまで一度も友好的であろうとしたことはなかった。

コスタ大尉がチモールを離れる前日、淀川総領事は昼食会を催した。その際、次のような出来事が発生した。昼食会の終わりにチモール総督は、翌日大尉に別れの挨拶のため空港へ出向く旨を日本総領事に伝えた。しかし、淀川総領事は総督が何を言っているか分からないふりをしながら、それに感謝しつつも拒否したのである。コスタ大尉は、日本の総領事に対して断固とした態度で主張できるこの好機を逃さず、次のように言った。「貴殿が本官に同行して空港に行かれるから総督閣下も空港に行かれると言っておられるわけではありません！　総督閣下は、ただ単に空港へ赴く旨を貴殿に申し伝えているだけなのです！」これらの言葉はかなり強い口調で日本総領事に向け発せられた。それにより、チモール総督は移動のための許可を要請するのではなく、ただ単にその旨を通知するだけで良いのだということを、淀川総領事は理解したのではないかと思われる。

チモールの「アソーレス基地」を明け渡す際、総督公邸は捜索を受け、そこから5台の受信機が持ち去られただけでなく、公邸の周囲には歩哨が立つことになった。総督はこれに抗議した。コスタ大尉はその抗議文のコピーを持参した。———？———昨年10月。

日本軍の司令官は礼儀正しい人物のようで、明け渡しの際に総督を表敬した。総督はその返礼をしたいと日本側に申し出たが、「司令官は会わない」と日本総領事が伝えて来たそうである。コスタ大尉は、これを真実だとは思っていない。

前述してきた淀川の態度や処置は人を苛立たせるだけでなく、彼の攻撃的な特徴は、——？——　——？——。淀川はつねに総督に対し距離を置くだけでなく、総督と日本軍司令官が接触しないよう図っていた。そして、この総領事の行為に協力することになるのが、ディリ郡行政官〔市長に相当〕の職に就いていたカント氏の愚かな活動であった。

この人物は特筆すべき活動を展開したのだが、その愚かさ故に、ある意味で日本総領事と共謀することになってしまったのである。

淀川総領事が初めてコスタ大尉と話をした際も、総領事は情報提供者としてこのカント氏を熱心に推薦した。カント氏がその職務からの辞意を表明した際、日本総領事は日本側の命令によって再任命すると記録させているほどである。

コスタ大尉は、カント氏をそれほど誠実で思慮深い人間とみなしていたわけではない。そして、カント氏に総領事のその仮定〔日本側からの命令による再任命〕を伝えた。それに対しカント氏は、そのような条件では絶対に受け入れられないと厳然と返答し、コスタ大尉はその旨を上層部に伝えるとカント氏に伝えた。

2月に淀川総領事が東京に戻った後、チモール総督の状況は改善されたようである。多分それは東京からの指示によるものであろう。そして、総督を巡る状況は、コスタ大尉のチモール訪問の直前にもさらに改善されていた。

現在も手紙は検閲されている。しかし、もはや総督公邸の周囲に歩哨はおらず、チモール総督はラハネで自由に動き回り、原住民または欧州人など、誰を公邸に迎え入れてもよくなっている。しかし、リキサやマウバラへ移動するには、やはり軍事作戦を理由に（本当はそんなものは存在しないのだが)、事前連絡が義務付けられている。

日本人の間にあるのは、チモールで軍事作戦を展開している日本軍が小規模であることから来る不安感がもたらす不信であり、さらに日本人は原住民から歓迎されていないこともよく分かっている。

3．総督とポルトガル人の関係

チモール総督は、現地のポルトガル人との関係においては完全に孤立した状況にある。その上、ポルトガル住民のほとんどから反感をもたれている。それは、ポルトガル人の大半、とくに現地指導者層の愚かな資質によるものであった。

連合軍の侵攻〔1941年12月17日〕以前から、チモール総督は「秘密政治」を実施しているとして批判されていた。人々は、総督が大臣閣下と交わす暗号文の内容を伝えないことに対して反感を抱いていたのである。

さらに、ある部局長会議において、各々の政策の総体的な成果が現れるのは5年後であると総督は表明した。それに対し、会議参加者たちは、5年後にしか実質的な結果が出ないような政策をなぜ採用する必要があるのか理解出来ず、ほぼ全員がそれに不満を抱いた。チモールではかくも長い期間にわたり総督を続けることは出来ないとの考えに立脚して、彼らは批判していたのである。

連合軍による侵攻後は、ポルトガル住民はチモール総督に対して次のように批判した。

総督秘書室をラハネの自宅に移転させ、――？――その他の部局を空爆の危険にさらされたディリに残したこと。さらに、総督が一度もリキサとマウバラを訪問しなかったことにあきれ、批判したのだった。

連合軍侵攻前の「秘密政治」と 5 年後にしか政策の実質的な成果が得られないことに対する批判は、それらを主張する人々の知性の貧しさと愚かさをあらわすものでしかない。

一方で、秘書室だけをラハネへ移転させたとの批判に関しては、それなりの正当性を持っていると言える。しかし、この点に関して総督は次のように説明している。連合軍の侵攻に伴って秘書室が使用していた施設の一部をジャワ隊〔蘭印軍か〕に提供することになったが、ジャワ兵士が規律を守らず危険であり、事故を未然に防ぐために秘書室をラハネへ移転させたというものである。

この点に関してコスタ大尉は、次のように考えている。総督が主張する事態が秘書室周辺で発生していたのならば、さらに秘書室と総督公邸が電話で結ばれていることを考えると、そのような事態に対処する最善の策は秘書室を移転することではなく、総督が秘書室へ赴かないようにすることであったろうと。しかし、この件に関してひとつ着目しておくべき点がある。それは、秘書室そのものは他の部局と同様にディリにそのまま設置されていたことである。

マウバラとリキサを総督が訪問しないとの批判に対しては、総督は次のように説明している。

A）〔マウバラとリキサの訪問に関して〕日本人との接触を何度か試みたが、コンタクトしようとした日本人たちは信用に足る人々ではなく、さらにカント氏はそれらの接触を思いとどまるよう忠告しつづけた。

B）望みどおりにポルトガル人たちと直接的、かつ日本側の介入無しに接することが出来なかった。

C）当時の状況では、カント氏に代わる人材が存在せず、彼が管理・監督していた物資の供給などの任務に総督が介入することによって同氏の感情が害され、それらの任務に支障をきたすことは賢明ではなかった。

さらに、総督はあえて口にはしなかったが、マウバラとリキサを訪問しない別の理由があるとコスタ大尉は感じ取った。

チモール総督は、自分の家族以外の女性を公邸に避難させており、総督の不在時に彼女たちが日本人による無礼な行為の犠牲者となるのを恐れていたようである。

現時点まで、日本人によるそのような蛮行は一切報告されていない。しかしながら、日本人の話し方や態度、そして大尉が知る日本人の考え方を考慮した場合、戦争に関連して両国の国交が断絶することになれば、女性たちは大きなリスクと向き合う事になるとコスタ大尉は考えていた。しかしながら、コスタ大尉は　――？――　――？――――？――それらを説明する十分な理由とはならないと考えた。

チモール総督に対して不平や不満を抱き、批判する人々にも、彼らがあえて明言しない最も根本的な理由が存在した。それは、チモールの臆病なポルトガル人の大半が敵対視する「新国家」体制〔本国のサラザール政権〕の象徴こそがチモール総督だったからである。

4．総督と原住民との関係

原住民との関係に関しては、総督は中立的な立場に立っている。コスタ大尉のように、原住民と長年にわたって接触した経験をもつ人物は、その社会において白人が優位性を持っているかどうかを判断するための材料は、それほど多く必要としないのである。

日本人は、総督と原住民が、またはポルトガル人と原住民が接触を持つことをつねに回避させようとしてきた。しかし、彼らが様々な障害を設けたにもかかわらず、総督は奥地の原住民との接触を維持していた。そして、コスタ大尉もそのような場面を目撃している。

自分たちが作った物産の販売を口実に、原住民は情報を携えてチモール総督を訪問していた。その中には村長もひとりおり、立場上彼は日本人に仕えているかのように見えた。

今でも原住民が総督との関係を維持し続けていることからも推測できるように、戦前は原住民の活動は直接的なものであっただけでなく、高く評価されていたにちがいない。

コスタ大尉のチモール到着は、これら原住民の情報提供者を通して知られるようになり、原住民の感情に良好な影響を与えた。

このように、ほとんど全ての原住民がコスタ大尉の視察を事前に知っていたため、先に述べたように、コスタ大尉はオクシとフトゥベシを訪問するよりも、――――?――――、残された時間をラハネでポルトガル人から聴き取りをするほうが賢明であると考えたのである。

5．ポルトガルの行政機関と原住民との関係

チモール総督と原住民が接触をしつづけていたのと同様、リキサとマウバラの行政機関で働くポルトガル人職員や高官たちも原住民たちとの関係を引きつづき維持していた。

コスタ大尉がチモールを離れる前に総督がこれらの行政機関を訪問することによって明確になったことは、このふたつのネットワークを繋げることの必要性であった。この連結こそが、内陸部の情勢に関する情報を我々にもたらしてくれることがはっきりしたのである。

コスタ大尉は言明を避けたが、我々の行政機関が、かなり激しい手段を用いたとしても、断固とした意思で最低限必要な機関に絞ってそれらを再建できた場合、チモールの状況は速やかに正常化されると信じていたようである。

ただし、そのためには、慎重な人材登用が必要であった。すでに雇用されている職員の中にも有効に活用出来る人材がおり、適所に配置された場合、彼らには良質な仕事が期待できるであろう。

原住民はきわめて謙虚かつ礼儀正しく見える。

彼らに対する医療サービスは不十分な状況にあり、宗教活動へのサポートもポルトガル人が在住している地域でしか実施されておらず、その他では実質的に皆無であった。

オクシではキンタォン及びパラダ神父が、そしてアルベルト・ゴンサルヴェス、ジュリオ・フェレイラ、アントニオ・――？――、そしてカルロス・ペレイラ神父がラハネ、マウバラとリキサを担当していた。これらの地域では布教用具は確保されており、宗教活動を巡る状況は満足出来るものであると言えたが、それでも聖餐式のパンやミサ用のワイン、そして聖油を入手するのは困難であった。しかしながら、コスタ大尉がこれらの品々をマカオから持参したため、この点は改善された。

数名の司祭が殺害されていたほか、フランシスコ・マデイラ神父も死去していた。

6．原住民と日本人との関係―他に選択肢が無いので原住民は耐えるしかない。

原住民がかなりの額の金銭を所持しているにもかかわらず、現状では彼らが必要とする物品を持っているのは日本人だけである。したがって、必然的に原住民はそれらの商品を購入するために日本人と接触することになる。

原住民をポルトガル人から遠ざけようとする日本人は、この状況を利用し、原住民から商品を買うふりをしながら彼らを頻繁に呼びつけたのである（多くの場合は実際に商品を購入していのだが）。当然ながら、日本人にとってこの活動のもうひとつの大きな目的は情報の収集である。

連合軍が侵攻してきた当初、連合軍の人々が高値で商品を購入してくれるだけでなく、丁重とは言えないまでも手荒くは扱わなかったので、原住民は連合軍の兵士との取引を好んだ。しかし、その後に現れた日本人は、十分な額を支払ってくれないだけでなく、原住民を手荒く扱った。この点に関しては、ポルトガル人は日本人よりも好条件で品物を購入するだけでなく、粗暴な態度で接しないので、原住民は日本軍を含めた日本人との取引よりも、我々ポルトガル人との取引を望み、日本軍の支払う貨幣よりも我々の貨幣を好んだのである。このことは、様々なことを示唆していると考えられる。

これ以降の報告は、非常に重要だと思われるので、コスタ大尉が口述したことをそのまま文章化する。

7．欧州系住民の精神的状況

私の意見の根拠を示すため、少しばかり戦前に話を戻す。さらに、この欧州系住民の中に原住民でない他の人々をも含めることにする。なぜなら、欧州系でもなければ、原住民でもない人々も数多くチモールに居住しているからである。これらの人々の多くは、政治犯として国外追放された者であり、様々な人種の人々〔公務員を含む〕や他の植民地から無能であるゆえに送り込まれた者であり、マカオで犯罪者とされた者である。そこにさらに、数名のアラブ系商人、中国系商人、そして外国のエージェントなどが加わる。チモールの行政機関は近年組織されたものであり、まだまだ種々雑多な人々で構成されている。

この植民地政府〔行政機関〕の現状を軍隊の歩兵隊を例にとって比較してみる。軍隊の能力は、歩兵隊が持つ能力で計られるのである。

このチモールの行政機関に関しては、残念ながら後日ようやくその能力を確認できた。ごく少数の者が命を懸けてそれらを守ろうとしたが、そのほかは占拠していたオーストラリア軍に合流して逃げ去ったのである。彼らは、何をおいても死守する義務を負っていた植民地を放棄して逃亡したのである。そして、その逃亡を指揮する人物すらいたのである。

行政機関とは別に、カスティーリョ大佐及びアルトゥール・ド・カント等によって構成される地理学代表団が、戦前からチモールに送られていた。彼らは総督閣下の管轄外で活動しており、その後チモールで発生した様々な問題の相当な部分が彼らが原因で起こったと私は考えている。

すでにこの世におらず、弁解が出来ない人物の悪口を言うのは決してフェアな行いではないが、私はそうせざるを得ない。そこで、私自身の良心に従って、カスティーリョ大佐の親友であったカント氏に、私が大佐に対して抱いている悪い印象を伝えた。カント氏は大佐が取った処置とその理由を報告書〔添付書類参照、未訳〕として提出すると約束してくれた。しかし、提出された報告書の中では、何ら説明はなされていなかった。

嵐が過ぎ去った今、ようやくカント氏は、多くの間違いを起こしたこと、そして大佐が取った処置が正反対のものであるべきだったことなどに気付いているであろう。

このカント氏は、その年齢、経歴と立場を考えた場合、人々を分裂させるのではなく、人々をまとめ、そして忠実かつ建設的な人物であるべきであった。しかしながら、彼の属する地理学代表団の本部は、総督閣下に対する批判キャンペーンの中核となっていったのである。総督に対して要求を突きつけるため直談判するなどといった案は、この地理学代表団の本部でしか生まれなかったであろうと私は思っている。

この本部でカスティーリョ大佐は、ただで飲み食いをするのが好きで、かつ現地政治の指導者である総督に不満を持っていた人々を、お茶とウィスキーでもてなしたのであろう。

連合軍が侵攻して来る以前から、カスティーリョ大佐はできるだけチモール総督と接触し、秘密主義的な政治は今の時代に合わないことを分からせようとした。しかし、総督は秘密主義がいかに理にかなったものであるかを次のように返答していた。

規律を遵守すべき職員は、命令された内容や指示を、その元となっている秘密扱いの電文の内容を深く詮索することなく遂行するべきであり、秘密扱いの電報は、秘密扱いであるが故に公にできないものであると。

当然ながら、カスティーリョ大佐はこの総督の答えに納得しなかった。そこで、人々を混乱させ、その仲を裂くような、悪意にもとづいた話を吹聴することによって総督閣下を孤立させる手段を講じ続けたのである。

1941年12月17日、オーストラリア軍とオランダ軍がチモールに上陸した。連合軍は総勢800人弱と少なく、約500名のジャワ人と300人のオーストラリア人によって構成されていた。

しかし、連合軍の侵攻によってチモールは２つの党派に分断された。

連合軍を支持する多数派と、総督の指示を厳格に守る少数のポルトガル人のグループである。後者は、占領軍に合流する意思はなく、定められた中立を維持することを選択した。しかし、日本の侵攻後、前者の多数派グループはこの小集団を日本寄りと見なして片隅に追いやったのである。

当然ながら、チモール総督は連合軍司令部よりただちに疑いの目で見られることになった。ここで補完的に報告すべき事実は、この連合軍に対する批判は聞かれなかったことである。連合軍とポルトガル人を結び付けていた最も大きな理由は、ただ単に商品の取引であり、支払いが滞ることもなかった。

それでは、いったい何を理由に連合軍を支持する大きなグループが存在したのであろうか。

それは、この連合軍の勝利はロシア〔ソ連〕の勝利を意味し、ロシアの勝利はすべての人々にとってポルトガルの政治的状況の変化を意味していたからである。

連合軍の上陸より数日後、オランダ軍司令部は総督に対して正規の手順と儀礼に従い、チモールのポルトガル軍歩兵中隊が連合軍に対して敵対意識を持っているとの確かな情報があり、そのため不本意ながらその中隊の武装解除を要請せざるを得ないと伝えて来た。

総督閣下はこのオランダ人司令官の言う証拠を信じなかったが、その時の事情からやむを得ず、好感を抱いていた中隊の司令官フレイレ・ダ・コスタ大尉に対して中隊をマウビッセへ移動させるよう指示したのである。

総督閣下の情報によると、このような事態が発生した裏には次のような事情があった。

植民地に派遣されたフレイレ・ダ・コスタ大尉は、担当する中隊で活動し始めたが、それは当然のことながらほぼ全員の兵士からの消極的な抵抗にあった。

そこで、後にオーストラリアへ逃亡することになるマルチンスという名の軍曹が、このフレイレ・ダ・コスタ大尉への報復として、大尉がオランダ軍を敵視するような命令を下しているとの偽情報をオランダ人司令官に伝えたのである。

この情報に接したオランダ人司令官は、自らが指揮しているジャワ人兵士をまったく信用していなかったため、ポルトガルの中隊がオランダ軍に何らかの損害をもたらす可能性があると信じ込み、前述の要請を総督閣下に伝えたのである。

日本軍のチモール侵攻と同時にジャワ人兵士がすべてを放棄して逃亡した事実を見ると、このオランダ人司令官の不信感は間違っていなかったようである。

日本軍による空爆の恐れが高まる中、家族の安全を確保するため、1941年12月下旬に女性や子ども、そして修道女たちがアイレウ、エルメラ、ファトゥベシ、バザールテテ、リキサ、そしてマウバラへ避難させられた。

そして日本軍がチモールへ侵攻した1942年２月20日の未明、高官たち、カスティーリョ大佐、ノローニャ氏、ファゼンダ・タローザ一等官、そしてノウラ氏等が、チモール総督にアイレウへの移動を進言した。ポマール氏のみが不正を　――？――した。当然のことながら総督はその進言を受け入れることにした。

同日、総督は日本軍の司令部と会合を開き、その後カスティーリョ大佐、部局長たち、そして銀行の支店長等を集めて日本側と打ち合わせた内容を伝えた。

２月26日、総督閣下は、部局長と、――？――を集め、戦時下に置かれた植民地の現状をふまえ、実質的な協力――？――が実現するよう――？――した。モンテイロ・アマラル税関長は、関係者の署名入りの議事録の作成を提案するが、数名の反発にあい、その提案は採用されることはなかった。

議事録の作成を強制することによって側近の職員が自分から離れてしまうことを危惧し、総督はその作成を断念したのであろうが、これはきわめて残念なことに思える。なぜなら、その議事録に賛同せずに署名を拒否する者たちは、自分たちの取った行動に拘束されるからである。

議事録の作成を強制しないことで、総督閣下は人々に寛大な処置を取ったのかもしれない。しかし、総督閣下自らが取った行動を証明できる、反論の余地のない証拠が、このようにして失われてしまったのである。

3月13日の午後3時頃、ディリで初めての空爆があった。

この同じ月の中旬頃、各部局長は総督に対する要求をまとめるため、タボルダ氏の家に集合した。郵便、税関の局長はこれには参加せず、衛生局長は会議の内容が判明した時点で途中退席した。会議終了後、残った参加者全員が総督に面会を求め、判事が代表して要求を総督閣下に伝えた。

総督閣下は彼らの要求を聞き入れず、すべての機関が可能な限りディリに残ると表明した。総督閣下は、ディリに残るのは義務であり、本国政府との電信をいかなることがあろうとも放棄したくはないと訴え、強要とも言えるような判事たちの要求を受け入れなかったのである。

この判事は、様々な理由を述べながら家族とともに首都ディリを離れ、この日以降ふたたびその職に戻ることはなかった。

軍事部門の長からの聴取内容を除き、植民地で聴取出来たわずか3名の部局長の聴取内容を次に報告する。

判　事

妻と娘と一緒にリキサに住んでいる。耳がまったく聞こえないため妻が会話のすべてを仲介した。判事があまりにも大きな声を発するので、実質的には何も話せなかったに等しく、デリケートな案件や、彼の管轄に関する責任事項に関しては何ら明確にならなかった。

この判事が私に向かって最初に伝えたことは、以下のことであった。「大尉殿はここの人々が何を必要としているか知っているか。それは、陶器（？)、靴、長靴、服、そして医者（？）である。それらを持って来ていないのなら、何もしに来なかったに等しい。」これらの言葉を聞き、私は判事がすでに普通の状態ではないことに気付いた。

当時のチモールの状況とはかけ離れた意見を発言しつづけたため、私はそれらの発言は判事として不適切なものであり、認めるわけにはいかないと説明し、聴取を強制的に中断せざるを得ない状況に追い込まれた。判事の妻が慌てて彼を私から遠ざけたこともあり、私はこの人物とのそれ以上の接触を断念した。

この判事は今でも何もしておらず、裁判所も機能していない。そして、裁判所の秘書官をまだ身近に置いていることから考えると、この判事はただ単に仕事をしたくないのではないかと思われる。

この人物が職務を全うしないことにより、植民地の行政がいかに多大の損害を蒙っているか大臣閣下にはご理解いただけるものと思う。

港湾局長

多くの人が、この高官の海軍内での悪評を伝えてくれた。彼と話した後、私自身も彼に対して悪い印象を抱いた。

私はこの港湾局長を嘘つきだと思う。

彼は日本総領事の友人であったようだが、その友情から生まれたのは、総督閣下に有益な成果ではなく、総督に対する威信の失墜でしかなかったようである。

この港湾局長が日本総領事の友人であるとの認識にもとづき、私はあえて総督閣下と日本人との関係に関して、彼に意見を求めた。この問いに対する港湾局長の答えは、総督閣下と日本の関係は悪く、好転することはなく悪化する一方だろうというものだった。

ある時、日本総領事がこの港湾局長に対して、総督閣下が頻繁に周辺へ暗号電文を送信しているので連合軍に協力している疑いがあると苦情を述べた。そして、この港湾局長はそのことを総督閣下に伝えた。その後、日本の総領事が暗号電信が依然続けられていると指摘した際、この港湾局長はただ単に、「私は総督に伝えました。これ以上は何も出来ません」と答えたそうである。

この港湾局長が総督閣下と話をしたのは事実である。しかし、その際に総督閣下は港湾局長に対して、周囲のすべての人が電文の内容に常に眼を光らせており、そのため普通の電文が送れないのだと説明している。この港湾局長は、総督が暗号電文を多用する理由を知っていたにもかかわらず、日本総領事の指摘に対して総督閣下の立場を弁護しようともせず、守ろうともしなかったのである。

別のケース　—　日本人が「オクシ号」という船舶を借りたいと申し出たが、総督閣下はこの港湾局長の具申に従って、その船舶が航行可能な状況にはないと日本側に回答させた。この場合の航行不能とは、継続的な航海が出来ないことを意味したのは明らかであった。

数日後、このオクシ号を使って島の沿岸を航海し、物資を輸送する必要が生じた。港湾局長がこのことを日本総領事に伝えると、総領事は総督が船舶は航行不能であると伝えてきたことを思い出し、その点に関して港湾局長を問いただした。しかし、この港湾局長は総督の真意を伝えるのではなく、自分は何も知らないとだけ答えたのだった。

現在でも自分の取った行動が正しかったと信じているこの高官を、私はどのように位置づけ、評価して良いのか分からない。

モウラォン郵便局長

最近厳罰に処せられたセルジオは、アルコール中毒のインド人である。この人物とは、彼の妻が数日前の空爆によって負傷したため入院していたリキサの病院で会った。

郵便局長は、粗末なベッドが設置されている妻の病室に案内してくれた。彼はそこにゴザを敷いて床で寝起きしていた。しかし、彼にとってそのことはさしたる問題ではないようであった。多くの人が伝えてくれたが、彼にとって一番苦々しいことは、空爆によって貯蔵していた地酒が失われたことのようであった。

この郵便局長が、妻の負傷を証明する書類を発行するよう執拗に要求して来たので、私はそれに応じた（添付資料）。

郵便局長の妻は精神的に異常をきたしており、現在この郵便局長自身も何の役にも立たない。アルコール中毒患者としての彼を誰も認めていないからである。

チモール在住が長い3名の部局長が持つ資質は、この程度のものでしかなかった。

1942年5月、カスティーリョ大佐は総督と会見し、彼が率いる代表団の職員たちには何もすることがないため、植民地行政に関連した業務に従事させ活用して欲しいと提案した。

――？――、総督をカスティーリョ大佐と交代させようとした考えまで浮上したようである。しかし、この件に関しては誰も明確な説明をしてくれないので、何ら断定することはできない。

この際、カスティーリョ大佐が強く主張したのが、カント氏を何らかの職務につけて活用することであった。そうすることで、大佐自身は権限がなくとも、すべてのことが把握できる状況を生み出そうとしたのである。

総督閣下は、たとえボランティア的な活動であっても、大佐の提案を受け入れて彼の部下を活用することを可能な限り避けようとした。しかしながら、アギラール行政官の辞任により、適当な人材がいなくなってしまったため、カント氏を行政官に任命せざるを得なくなったのである。

このカントなる人物は数カ国語の外国語を話し、表面的には日本側と良好な関係を築いていた。

間違いなく、カント氏は誠実に任務をこなそうとしたのであろう。意に沿わない仕事でもどんどんこなしたが、彼には公務員としての心構えができていなかっただけでなく、任された職務に対する判断力も持ち合わせていなかった。

かなり早い段階から、カント氏は総督閣下に、電信技官に任命してほしいと希望し、リキサとマウバラのポルトガル人の――？――、そして日本占領軍に対するポルトガル側代表としての権限などが与えられるよう要請した。しかし、慎重に彼を活用しながらも、総督閣下は彼にそのような権限を与えることはなかった。

カント氏は、総督閣下に宛てた書簡（資料28号）の中でそのことを訴えている。しかし、彼が私に提出した報告書には前述の肩書きがしっかりと記載されていた。

カント氏は、幾度も躊躇せずに命懸けで仕事に取り組み、注目に値する活動を行なった（資料29号—内容に虚偽はないと考える）。しかし、カント氏はそれをこなす判断力を持っていないため、時には総督閣下を非常に複雑な立場に立たせることになった。

バランスの取れた指針のないまま独断で行動するため、総督閣下は彼の評価を低下させないよう、時には公平とは言えない解決（？）方法の選択を迫られ、または案件によっては反対せざるを得ない状況に追い込まれることもあった。

時には暴力に訴えても断固として行動する旗手（？）としてカント氏は、総督と決別してリーダーを持たない人々の信望をたちどころに獲得した。しかし、カント氏に不足していたのは、リーダーとしてこれらの人々を指導し、よい意味で利用する能力であった。

カント氏が持つこの二面性は、悪意というよりも本能的なものであったが、彼の中に虚栄心が生まれ、自分の上司であり、つねに従わなければならない総督の立場を忘れたのである。

チモールにおいてポルトガル国家を代表する人物が総督閣下であるにもかかわらず、カント氏はポルトガル人社会の中で優位な立場にある〔との自負〕の中、総督に対する人々の悪評を吹聴することによって、自分の悪評を隠したのであろう。

この私のカント氏に対する評価を裏付けるため、いくつかのケースを記しておく。

資料27号—カント氏がたまたま総督にこの書簡を見せたため、総督閣下はその発送を停止させることが出来た。

資料27

国家に忠誠を誓うディリ郡行政官　　　　　　　　　　　　第78号

総督閣下の命により、次のことを貴殿にお伝え申し上げます。

日本軍は、諜報活動のためにチモールの原住民と、多くはマカオで通常の犯罪により追放され、チモールへ送り込まれた中国人を活用しております。

これらの人々は、リキサとマウバラにて日本軍の名のもと、彼らが与えられたと錯覚している権限を濫用して、昨今数多くの騒動を起こしております。彼らは頻繁に窃盗事件などを起こしているほか、ポルトガル側行政機関の介在無しに不当逮捕なども繰り返し行っております。

さらに、彼らはポルトガル人に対するプロパガンダを展開しており、最近ではポルトガル人の使用人として働く原住民たちに対して、近々すべてのポルトガル人およびポルトガル人に雇われている者たちも殺されるので職を放棄すべきであるとまで吹聴しております。

昨27日にリキサから帰る途中、サヴロ・デ・アイペロの近くで、全員銃で武装した30人ほどの原住民によって私の車両は止められ、何の説明も無く車体をくまなく捜索されました。さらに、その前日の26日、原住民の一団が村から約４キロ離れたリキサの前行政官の家を包囲する事件が発生しました。平岡中尉が緊急に対応してくれたため事件は大事に至りませんでしたが、この暴走の結果は悲惨なものになるところでありました。

以上のすべての状況から、当植民地の総督閣下は次のように判断致します。

ポルトガルの行政機関の権威がないがしろにされ、すべての住人の平和な暮らしが保障されるべき地域において、その平穏を著しく乱す事件が発生しております。日本の軍司令部がこれらの騒動を終息させ、リキサとマウバラ地区から住民の平穏を脅かす輩を追放しない限り、総督閣下は委ねられているすべての権限を断念せざるを得ない事態に陥るかもしれません。

つきましては、日本軍最高司令官殿に対してその方向で交渉していただきたく、お願い申し上げます。

書面にて貴殿への敬意を表します。

国家の繁栄のため、

ディリ、1943年１月28日

在チモール日本総領事殿へ

日本軍に対するポルトガル政府代表

アルトゥール・ド・カント（タイプ及び署名）

カント氏は、日本側がなんらかの措置を講じるか、あるいは総督が全権ないし権限の一部を放棄するという二者択一の文書を、総督の名において日本の総領事に突きつけようとしたのである。

次に資料15を見ると、カント氏は総督が承知することなく、日本側に対して「植民地の混乱は、オーストラリア軍の侵攻からすでに始まっていた」と明文化された文書に合意しようとしていた。チモール総督は、このような内容の文章を作成するのを一切拒絶していたのである。

資料15

複写

1）日本側は開催された会合において、原住民の反乱が直接的、間接的にオーストラリア人によって引き起こされたものであることを認め、保護の要望がポルトガル側から文書で提出された場合、保護を提供すると明言された。

2）ポルトガルの中立が主張された後、日本側は譲歩をした。日本側は、原住民の反乱に対する保護に限り、文書による公式の保護要請として提出されることに同意した。また、植民地行政の混乱がオーストラリア人の侵攻から始まったことに関しては、極秘文書として提出されることに同意した。

3）日本側が主張するそのような見解に同意しながらも、前述の方向で書かれた文書を作成することは、サラザール〔首相〕の政策を危機に陥れる可能性があると訴えた。戦争の混乱の中で文書が失われ（?）イギリス人の手に渡った場合、本国の政策に大きな損害を与えるかもしれないので作成出来ないと主張した。

日本側はこの訴えを理解したようで、保護依頼は口頭によるものでも良いとした。ただし、総督が誠意を持ってそれをするべきとも付け加えた。この案件は今夜中に決着させなければならない。日本側は、リキサのみをポルトガル人居住地域に指定する可能性をも示唆している。マウバラを含むその他の地域の住人は、その意味ではこれから決定される解決策の人質となっている。――?――の意向に沿わない回答であった場合、すべてが空中分解するかもしれない。

上記は原文に相違ないものである。

本文書は署名がないが、筆跡が当時ディリ郡行政官の職にあったアルトゥール・ド・カント・レゼンデ氏のものであるので、同人によって作成されたものに相違ない。

1944年３月23日

ラハネ総督府秘書室長

フランシスコ・ジョゼ・アルヴェス

歩兵隊中尉

リキサにおける物資供給サービスの状況

この食肉供給課は、肉を販売したいと望んでいるが、売る肉を持っていない。その一方で、職員の一人が個人的に豚肉、ソーセージやベーコンなどを販売している。

このような行為に対して注意が喚起されたが、その職員は指示に従おうとしない。供給課としては、仕事に対する熱意は持っているが、組織化したり監督することもできないでいる。

住民のために農業活動を活性化させるとともに、行政機関の近くに住民のための農場を作る構想がある。原住民がおり、なおかつ我々が上位に立っている土地においては、監督官や——？——は欧州系住民であり、原住民がその下で働く労働者であるというのは一見明らかなことのように思われる。しかし、実際は決してそのようなものではない。

その意図は、ヨーロッパ人にも労働をさせることなのである。

このような行為は、原住民に対する我々の威信を損ないかねない。しかし、それを実践している判事がいる。総督閣下からの要請にもかかわらずその任務をまったく遂行せず、あたかも〔悪しき〕お手本を示すかのように、ためらうことなく畑を耕している。

それはまったく信じがたいことである。

総督閣下は物資の供給活動を通して得られた利益を活用し、孤児院を設立する構想を立案した。

そして、総督閣下はカント氏に最善の運営方法を検討するよう指示し、孤児院の運営者としてある女性を推薦した。ここで総督は――？――を命じたわけではなかった。

ただちにカント氏はその女性と会い、物資供給サービスの残高を渡してしまった。そして、孤児院用に考えられていた住居の明け渡しに関して、以前からそこに住んでいた住人との間に一連のいざこざを引き起こした。ついには殴り合いにまで発展したようである。この結果、速やかに設立する必要があった孤児院は、いまだ設立されていない。

カント氏は、行政官の職からの自主的に申し出た辞任が認められた際、多くの職員に対して感状が作成されるよう総督に申し出た。この件に関しても、カント氏はその対象者とされた職員たち全員には伝えたのだが、総督閣下にはなんら事前に相談していない。

総督閣下は、彼らを表彰するのは適切ではないと判断し、カント氏の提案を却下した。私はこの総督閣下の判断は賢明であったと思う。しかし、カント氏はすでに〔表彰〕対象者たちにその旨を伝えていたため、総督とその職員たちの関係は悪化してしまった。

対象者とされた職員の何人かはとても控えめだが、良い職員であったことは事実である。

しかし、このケースにおいても、常識的に考えた場合、まず何よりも先に総督閣下に相談をするという手順が欠落しているのである。

これらの状況を明確に伝えてくれるのがカント氏自身によって書かれた次の書簡である。(資料28)

資料28

複写

ラハネ

マヌエル・フェレイラ・デ・カルヴァーリョ大尉閣下へ、

大尉閣下

私は、1942年5月にまったく私心を抱くことなしに自主的に行政官の職に志願致しました。多くの困難に直面しながらも、ただひたすら人々のためにとその職に奉じて参りました。この行政官の職を辞任するに当たり、私はその理由を貴殿にお伝えすべきであると考え、本書簡をお送りすることに致しました。

私は官僚的な慣習を十分に理解しているとは言えませんので、これから様々な事実を記す中で、無意識的に総督としての貴殿を批判してしまう結果になるかもしれません。そのようになってしまいましたら誠に残念なことであり、それは私の意図するところではありませんので、本書簡は総督閣下としての貴殿へ宛てるのでなく、個人としての貴殿宛てにさせていただきます。

1942年3月15日貴殿より任されました日本総領事館との折衝が成功に至らなかったことを報告しておりました際、占領軍に対するポルトガル側代表としての役割について、私は――？――の話を――？――しました。それに対して、貴殿はすぐさま厳しい態度で次のように問われました。

「それはどこかに書かれているのか」

貴殿のこの単純な問いかけは、私の中に非常に不愉快な感情を生み出しました。

貴殿との関係が修復不能となってしまうような言葉を貴殿に向かって発してしまいそうになる感情に駆られましたが、それを避けるために私は無言でおりました。貴殿はそのような言葉で非難されてもしかたのない人物でありましたが、私は黙って聞き流すことに致しました。

貴殿が直面された数多くの問題を解決するため、それまで暗黙のうちに私に与えていた権限を、今度はそれを制限する意図を貴殿が示されたことは明らかでした。

そして、貴殿が決然とそのような態度を取られたのは、チモールの状況が相当改善されたからであることも、これまた明白でありました。

しかし、同様にはっきりしていることは、いかなる人物もそれらの職や任務を請け負う愛国心と勇気を示さなかった時期に、私は貴殿より委ねられた役割を首尾よくこなしたという事実であります。残念ながら、貴殿はこの点をご理解しておられなかったのかもしれません。

もうひとつ明白な事実は、チモールの状況が改善されたのは、もっぱら私の仕事に負うものだという事であります。

以上のことから、前述致しました貴殿の言葉は、私の中にきわめて不愉快かつ重いものとして圧し掛かりました。

私はそのような恩知らずな暴言の対象ではありません。さらに、それは貴殿の――？――打ち消すものであり、貴殿の信じられないほどの政治的能力の欠如を表すものだと言えます。

私どもが今生きておりますこの難しい時代に、誰が見ても明らかな理由によって、貴殿を屈辱的な状況に立たせようと私は意図しているのではありません。しかしながら、私は自分の権利を放棄するつもりもありません。

先に述べました貴殿の不愉快極まりない発言に接しながらも、その時点ではまだ任された職務や任務を放棄することは出来ないと判断し、私は置かれた状況の中で最善と思われる行動を取りました。私の権限の範囲を確定していただきたい、と申し出たのです。

その際に、私が貴殿にお渡しした要請文を、そのトーンを含めてここに再現させていただきます。要請文に対する貴殿の反応は完全な沈黙でした。私は貴殿が執務室に入られたことも知らされず、さらに要請文に対して何らかの決裁をされたかどうかも知らされませんでした。

アルトゥール・デ・カント・レゼンデはチモールにおける地理学代表団の副団長であり、ディリ郡行政官として活動しております。約一年間にわたり、植民地が置かれた異常な状況に対応するため、現在任命されている職務には実際には法的に認められていないような多種多様な役割が与えられております。今後、不愉快な混乱や任務の遂行の障害となるような誤解が発生するのを避けるべく、〔日本〕占領軍に対して、また一般民衆に対して、私に与えられた権限を確定いただけるよう閣下にお願い申し上げます。

この私の要請文に対して貴殿がとられた態度が、貴殿の本意でしたら、それは私がこれまで体験したことのないほど配慮に欠けるものでありました。品格・人格的に言っても私はそのような無配慮の対象ではなく、貴殿はその態度を通して私に対する完全な軽蔑を表したのであります。

個人的な会話の中で、私の要請に対して事態の解決を意図していると貴殿は間違いなく言われました。しかし、そのように言いつつも、貴殿は何ら対処せずに問題を一層悪化させたことも事実であります。

最初に述べました私どもの意見の対立とその結果私が提出致しました要請文、そして前述の口頭での約束を、貴殿は時の流れに任せて葬り去ろうとなさいました。しかし、そうすることによって最高の協力者の一人の名誉を著しく傷つけていた事実をお忘れになりました。

異常な条件下で展開される活動において、それまでいかなる人物も獲得し得なかった植民地全体からの、そして占領軍からの信頼を手にしたのがまさに上記の協力者でした。その協力者は、貴殿にとって欠くべからざる人物でありました。

それ故に、貴殿は時の経過が私の心を鎮めるであろうとの誤った希望をもたれたのでしょう。しかし、それこそ忘恩の明らかな証拠であると言えます。

その後、この件に関して実際に私は口を閉ざし、めったに話をしませんでした。口を開いたのも、国を愛することが私の忠誠心であるが故に、意に反して話をせざるを得なかったためでした。我々の個人的な悲しい問題の恥を日本占領軍にさらしたくなかったからでした。そして、総督の管轄下に置かれた大半のポルトガル人が抱いていた不満や批判に直接向かい合うというような不快な状況に、貴殿を追い込まないためでした。

貴殿から受けた侮辱を私が忘れることを期待され、貴殿はこの件に触れずに時の流れにまかそうとされました。しかし、私は経過する時間の中で、逆に貴殿が間違いに気付かれ、それを修正されることを期待しつつ、何も申し上げずに待ち続けました。

結局、全ての人が知っているように、私は長い月日を無為に過ごしました！

リキサとマウバラにはひそかに、総督と行政官の間にすでに重大な意見の対立が発生しているとの噂が流れておりました。事態が知られるにつれ、良きポルトガル人の間には深い不満の念が生じました。多くのポルトガル人は、貴殿の立場が悪くなることを喜ばしく感じておりました。そして幸いにも、私に対する批判は、ごく一握りの人から出ただけでした。私に対する批判を生んだ唯ひとりの責任者が貴殿なのであります。

王政時代の終わり頃、そして共和制が始まったばかりの頃〔1910年〕の旧態依然たる政策のもとであれば、自分より優位になりそうな敵を打ち負かす最も有効な方法は、そうであったかもしれません。

しかしながら、サラザールのような倫理観を持った人物に我が国家の運命が委ねられている時代に、私は国家に身を捧げる人物がそのようなプロセスを選択するとは思えません。このように考えますと、間違いなく貴殿の目的はそのようなものではなかったのでしょう。しかし、それでも、我々が達したまことに残念な結果の痕跡が消されたことは認めざるを得ません。

私が今まで述べてきたことを証明する一連の出来事が、10月末から11月初旬にかけてリキサの村に滞在した時に起こりました。

孤児院としての利用を考えられた住居に居住している人々が、その明け渡しを拒否しました。そのため、私は間違いのない手続きをふまえて適切な告示を出したにもかかわらず、入居者たちはそれを取り去り無視しました。

陸軍将校のひとりが、行政官に対して適切とは言い難い方法で接触し、行政官の任務に関わる事項に対して勝手気ままな主張を展開しました。さらに、ある地方担当官に対して、彼の優れた資質に対する欠点を表すような事実を指摘した書簡を送りましたが、その地方担当官はまるで馬車引きが書くような私信を私に返してきました。

私は貴殿にこれらの事実を報告いたしました。しかし、貴殿の表情の中に私に対する一片の同情すら見て取ることが出来ませんでした。そこで、私はディリへと戻り、私に付与された権限の確定なくしては二度とリキサとマウバラへは戻らないと、決然とした態度で表明致しました。

1940年〔1942年〕の３月16日に貴殿に申し出ました願いを再度同年11月９日付けの書簡にて要請させていただき、前述の士官との出来事に関しては11月16日に報告書を提出致しました。しかし、この報告書の提出からもすでに三ヵ月以上が経過しております。

この件に関して可及的速やかに効果的な決定が下されたならば、その結果は我々にとって有益なものとなったでしょう。しかしながら、この問題はいまだ未解決のままです。

この件に対する貴殿の無関心はとても許されるものではなく、私にとっては、侮辱の上塗りにしか過ぎません。

11月27日付けの決裁書によって、私の要請は一部決裁されました。

同決裁書の第２条のｂ）、ｄ）及びｅ）において貴殿は――？――に約束された区域外では機能しないながらも、指導監督区域における職務上の規律に関する公布と、そして緊急時の場合に関する事項についての公布を決裁されました。

この三つの公布の中で、緊急時の場合のみが決裁書と同じ日付で官報に第1096号として公布されました。その他の事項に関しては、すでに三ヵ月も経過したにもかかわらずまだ公布されず、日の目を見ておりません。

明らかに緊急な案件であるにもかかわらず、貴殿はそれを解決しようとする意志すら示されません。このような状況に私が満足しているとお考えなのでしょうか。

容易に解決出来、何らかの処置を講ずることが可能である案件に対しても、人々が規律や命令に従わないために、それを傍観せざるを得ないような状況に、私が満足しているとお考えなのでしょうか。

貴殿がこのデリケートな案件を解決せずに時間を浪費させていくことで、悪意を持った人々は罰せられることがないことに安心し、自由に中傷や陰謀、そしてすべての規則や規律の基本を破壊する道に進んでいるとは思われませんか。

このような事態を招いた唯ひとりの責任者が、何らかの恐れまたは理解不可能な躊躇によって、約束した権限を私に与えようとしない貴殿であるとは思われませんか。

昨今リキサで発生した一連の事件こそが、前述の状況を裏付けるものであります。

あるマウバラの部局長に、彼に関わりがありなおかつ私の決裁事項でもある案件に関し、私の元に来るように指示したにもかかわらず、その部局長は指示に従うのを拒否しました。

行政官の自宅において、ある軍曹はその行政官に対して礼を失した態度を取っただけでなく、侮辱するような振る舞いまでしました。

新任の物資供給管理官が、食料に関する取引を行っているという噂を流す人物がおりました。

貧しさを逆手に取り、生活必需品を高値で売買し、法外な利益を得て富を築いている人々が存在します。

郡判事と陸軍軍曹の間で恥ずべき殴り合いのシーンまでありました。

このような無秩序な状態に対して私が何らかの解決策を講じようとすると、貴殿は私が委ねられた権限外の処置を取ろうとしていると非難されます。しかしながら、貴殿が自らの欠陥を正当化するために私を非難されることが、果たして正しいことなのでしょうか。

そんなことは絶対にありません！

それ故に私は全身全霊をもって、かくも大きな不当に抗議するものであります！

本年の１月５日、個人的な会話の中で貴殿は私に市民管理局に関する案件は今後総督秘書室が担当すると言われました。私は、この市民管理局にのみ関わる機能を長期間にわたって代行しておりました。そこで、この件に関しても私の立場を明確にする必要があると考え、その日のうちに貴殿にひとつの提案を申し出ました。この提案が前述のいまだ未公布の決裁事項に関わっており、その内容を前倒しするようなものでありましたので、私はあえてその提案を書面にはいたしませんでした。

しかし、今のこの段階においても前述の事項が確定していないので、私が申し出ました提案をここに文章化して再現致します。そして、私がすべての案件に対してどのように対応して来たかをあわせてお伝え致します。

提案その1

法的に行政官が総督に直接決裁を求めることが認められていないこと、そしてすべての案件が市民管理局局長を通して提出・決裁されなければならないことは認識致しております。

さらに、閣下は口頭にて今後市民管理局関連の事項は全て総督秘書室が代行すると本日私に告げられました。

このことは、私が任されたすべての案件をいったん秘書室を通して提出させていただき、その後ひとつひとつの決裁が総督秘書室を通して私に伝えられることを意味します。

私が担っております特殊な役割を考えますと、お任せていただいている案件に該当するすべての事項に関しては、ディリの秘書室の介在無く、別個に直接決裁が得られるようすべきであると考えます。平時（?）においては、このような特別扱いはあってはいけないことかと存じます。しかしながら、貴殿もそれが妥当であると判断されたからこそ、今まで私が情報や提案などといった形で案件を提出することをお許しになり、直接決裁することを認められたのではないかと存じます。そこで、私の案件に関しましては、決裁が今後も他の部局の介在無しに直接なされることを提案致します。

私が上記の提案をしたにもかかわらず、貴殿は1943年１月にディリの秘書室にその機能を付与する決定を下されました。

このような決裁方法は、気が滅入るだけでなく馬鹿げているとさえ言えます。ある担当者が自らの手で作成した書類を一旦秘書室へ提出し、それが総督に届けられる。その後総督とその書類を提出した担当者がその案件に関して意見交換をし、総督が決裁をする。しかし、その決裁は直接その担当者に渡されるのではなく、秘書室に再度回され、たらい回し(？)にされてようやく担当者に通達される。

このように、決裁手続きにクッションを入れる理由が果たしてあるのでしょうか。このような処理の仕方は過去のものであります。さらに、現状を考えますと、使用される紙の量、タイプライター用インクリボンの量、そして作業量などから考えて非経済的な処理方法であると言えないでしょうか。

二つに一つであります。

私が直接決裁をする権利を持つことによって案件を完結させるのが、その一つであります。そしてもう一つは、それらの案件を、それを未決のまま放置してしまうかもしれない秘書室長を仲介して決裁するということです。確かに、私は実質的には直接決裁する権利を持っておりません。なぜなら、それを貴殿はまだ私に与えてくれていないからであります。

このことに関して、貴殿が常日頃良く使われる言葉を思い出します。

「その通りだ！そして、……ではない！」

貴殿が前述の公布第1096号を、部局長のみの権限を規定した法令第102条に基づいて作成されたのであれば、現在局長でも部長でもない私を、なぜ貴殿は決裁部門の局長または部長としてお認めにならないのでしょうか。

これまで、貴殿は何度か決裁文書の原文を私に直接お渡しになられました。このように、貴殿より直接決裁文書を頂戴することに関する説明は何らありませんでしたので、私はそれが妥当なものであると判断しておりました。この事実を考えますと、貴殿がこの度決定されたことは、非常に曖昧な内容のものであると言えます。

私が物資供給活動に失敗したとのご指摘、誰よりも大胆に権限を濫用したとのご指摘、そして私が果たすべき義務を軽視して権利だけを欲しているとのご指摘………貴殿のご不満の発散は、貴殿から受けた数々の小さな侮辱や攻撃〔のリスト〕に追加しておきましょう。

私は国家のために長年働いてまいりました。しかしながら、その間に仕えさせていただいた信望厚き数多くの上司たちより、貴殿が言われるような評価は一度たりとも受けたことはございません。なぜならば、国家に対して優れた仕事を提供するのが私の義務であると考えております！

私が現在置かれている立場を考え、さらに貴殿がそれをまったく変えようとされない状況を考慮した場合、人格を持つ一個の人間としてそのような中で仕事をつづけることは非道徳的であるだけでなく、屈辱的であるとは思われませんか。

私の質問に対するお答えは貴殿の裁量にお任せいたします。

貴殿に敬意を表し、御礼を申し上げます。

アルトゥール・ド・カント・レゼンデ（署名及びタイプ）

1944年２月28日

上記内容に相違ない。

1944年３月25日、秘書室長

フランシスコ・ジョゼ・アルヴェス中尉

3．日本におけるシルヴァ・エ・コスタ大尉の日程

Programa Deste Dia Do Senhor Capitão Silva E Costa no Japão〔1944年4月〕

植民地省
大臣官房

4月5日　航空機にて、午後3時羽田空港着。東京〔ポルトガル公使館〕に4時頃到着。

訪問箇所：

フェルナンデス〔公使〕閣下、外務省及び大東亜省。

18時に外務省政務局長公邸にて政務局長〔上村伸一〕閣下主催の夕食会。

6日　東京滞在。

7日　同上。

8日　箱根へ出発、富士屋ホテルに宿泊。

9日　帰京。

10日　日光へ出発、同日帰京。

11日　午前９時発の列車にて京都へ。―？―時51分到着予定。
都ホテルに宿泊。

12日　京都滞在。

13日　同上。

14日　朝、奈良へ向け出発。奈良ホテルに宿泊。

15日　奈良から京都へ戻る。都ホテルで夕食後、20時52分発の夜行列車で博多へ。

16日　10時45分に博多到着。さかえ屋に宿泊。

17日　台湾へ向け飛行機にて出発。

それ〔日本側が作成した私の滞日中の日程案〕を喜んで受け入れたい旨返事をしたが、まず私に対して何らかの指示が〔リスボンから〕届いているかを〔在京〕ポルトガル公使館に確認する必要があり、かつポルトガル公使と打ち合わせた上で返答したいと〔日本側に〕伝えた。

日本側関係当局とわが国公使の間には何らかの複雑な問題があるように明確に感じられたので、〔指示のあるなしを含めそれを〕確認する前に返答することを避けたかったのである。

ホテルでは、私の部屋の隣りに連絡係の福井〔保光〕領事〔駐マカオ〕が宿泊した。福井領事は翌日京都へ向かい、そこで私の到着まで待機することになっていた。しかし、福井領事の任務を引き継いだ相田氏が私の秘書となった。このように、私はひと時も日本の監視網から逃れることはなかったのである。

到着の日に外務省政務局長主催の夕食会が開催されることになっており、政務局長の空港到着時の挨拶に対し、まずは返礼したかった。しかしながら、ポルトガル公使館からは誰も空港に来ておらず、そこで〔日本側が提供してくれた〕車でポルトガル公使館へと赴くことにした。その—？—は公使と一緒にいたが退室した。

わが国公使は、私〔の日程〕を巡って展開された状況に不服であると主張した。公使はさらに、日本側が〔公使に〕提示した私の滞在日程は長すぎ、私が外交目的で来日していないことからもそのような日程は受け入れられないものであり、その旨を日本側に伝えたと言った〔結果的に先の日本側旅程は変更された〕。さらに、日本側がどのような新しい案を提示したとしても、公使との打ち合わせの上でしか私〔コスタ〕は回答できないと日本側に伝えたとも言った。

公使はつづけて、日本側との会食予定がない場合は全て公使とともに食事をとるようにと言った。さらに、〔公使は〕大東亜相〔青木一男〕主催の夕食会は断固として出席を拒否したと言い、その上で、日本側からの招待をすべて断らないためにも、外務次官主催の会だけは出席するとも言った。

後日聞いたのだが、私に対するリスボンからの指示は、日本滞在中は公使と緊密に接触するようにとの内容であった。

私は、公使に対して日本側が提示した日程案については、まだ何も答えてはおらず、まずは公使と話し合ってから回答したいと考えていたと説明した。しかしながら、ホテルで―？―しかし―？―（解決すべき？）があったので直接自分から訪問することにしたと伝えた〔前後関係から次の意味か。いくつか話し合って解決すべき問題があり、到着後ホテルにおいても公使と会えなかったので、自ら赴くことにした〕。

さらに、私の日本滞在に関しては、最短日程で帰国するようマカオにて指示を受けており、10日に飛行機があり座席が確保出来るのならばそれに搭乗したいと希望を伝えた。

公使が私に対して大東亜相主催の夕食会への招待を受けるかどうかと質問したので、断る理由がないので受けると私は答えた。公使とともに出席出来ないのは残念であったが、私は招待を受けることにしたのである。

つづけて公使に、せめて外務省に返礼の挨拶に行きたいと伝えたが、公使は即決をせず、決定までに長い時間をかけた。そのため、私どもが外務省に到着した時にはすでに給仕しかいなかったのである。私たちは、彼に名刺を置いてきた。この件で最も重大なのは、相田が私に外務省で私の訪問を待ち受けていると伝えてくれていたにもかかわらず、〔公使が決めるのに時間をかけてしまったために〕それが実現できなかった事である。この事実は、翌日になって公使によっても確認されている。

ポルトガルの駐日公使は、日本側の担当職員たちと実質的にはまったく相容れない関係にあったのである。

日本側関係機関は、二つの目的をもって私の日程を作成していたはずである。〔一つは一般的な歓待目的、〕そして何よりも日本側にとって有利な報告書が作成されるよう、私の関心をひきつけることであった。日本側が在日ポルトガル公使を軽視していた事実は、私に対する対応からも見て取れる。彼らは公使とは理解し合えないために、私に対し公使には向けられないような特別の配慮を払って迎えてくれたのであろう。

日本滞在中、数多くの心配事に気を配らなければならなかった上、日本側と駐日ポルトガル公使間の問題や公使の意固地に対しても、知らない振りをする必要があった。そのようにして、私の立場を悪化させないよう、そして誰も不快な思いをしないよう心がけた。

外務省政務局長による夕食会はスピーチもなく、軽い乾杯の後に問題なく進行した。二つの省〔外務省、大東亜省〕の高官が出席し、陸軍と海軍の代表者、チモールへ派遣された日本側視察団のメンバー全員、そして私の秘書役の相田カイシャが夕食会に参加した。チモールに関する話はほとんど出なかった。

夕食後、ホテルへ戻ると川端ヨランダ女史からの手紙が届いていた。マカオで紹介された同女史だったが、肥後〔市次武官〕司令官が私の到着を知らせておいたようである。翌日に私を訪ねるとの女史からの伝言であった。川端女史は翌 6 日の朝に私を訪問してくれ、朝食をともにした。その日は多忙であったため、夕食後に再訪してくれることになった。

〔同日〕夜に、相田に次のように伝えた。「ポルトガル公使館に日本での滞在を必要不可欠な日数に限定するよう指示があり、ポルトガル政府は一刻も早い私からの情報を待っている。したがって、10日発の飛行機を予約してほしい。」

この願いは好意的には受け入れられなかったようだ。

私としては、日本側が提案した日程をすべて受け入れなかったことを後悔している。しかしながら、貴殿、中でも大臣閣下に、私が日本の提案した日程を喜んで受け入れたとの間違った印象を与えたくなかったとともに、在京のわが国公使の立場を考え、〔早期帰国を〕決意した。チモール滞在が〔当初予定された〕15日間であったなら、私は躊躇なく日本が作成した日程案を受け入れていたであろう。しかし、早々に帰国するほうが賢明であった。

若干残念に思うのは、日本での滞在日数が長かったならば、もっと多くのものを見、多くの人と話をすることが出来、さらにもう少し多くの興味深い情報を収集することが出来たかもしれないということである。日本人は、特に酒が回った時に良く〔ホンネを〕話すからである。

しかしながら、〔私の日程変更の要請にもかかわらず〕相田は〔日本側が作成した〕日程はすべて消化されるはずであろうと伝えて来た。

〔日程に組み込まれていた会食のすべてには〕私は参加しなかったが、日本人は機を捉え当時の配給制度の下では手に入らないような食事をした〔楽しんだ〕ようである。

昼前に散策に出、それから日本人職員に伴われて日本側関係機関に挨拶に回った。ポルトガル公使が行うべきことであるとは思ったが、前日の出来事を考えてこの件に関しては公使に何も話さなかった。

彼が不快に感じるであろう可能性にも思いは及んだが、その時点で取るべき唯一の行動であると私は判断した。前日の外務省への返礼の件で、私はもう懲り懲りしていたのである。

その日の昼食に関しては、次のような事態が発生した。

ポルトガル公使は、日本側との会食が予定されていない時は、〔私は〕公使宅で食事を共にすると、私だけでなく日本側にも伝えていた。しかし、初めての〔公使宅で食事する〕機会であったにもかかわらず、公使からの招待は来ず、ホテルへ車が回されることもなかった。そこで、私にとっては不愉快なことであったが、外務省が用意してくれた車で公使の前日の申し出に従い、公使宅へと食事に向かうことにした。なお、ここで記録しておくべきことは、公使の息子のひとりがジフテリアか何かの病気を患っており、公使はそれを心配していたという事実である。そのため公使は、私の個人的見解では初歩的とも言えるような、私に対する配慮を欠いた行動をとってしまったのかもしれない。

わが国公使とは、チモールに関してはあまり話をしなかったが、マカオや日本そして日本人に関しては長時間にわたって意見を交換した。興味深い点もあるので、その内容をかいつまんで以下に報告する。

公使は、サイオン〔いかなる人物かは不明〕を出国させたことは素晴らしいことであったと評価しており、フェレイラ・デ・カルヴァーリョ〔東ティモール〕総督の活動に関しては批判的な立場を取っているようである。日本人に関しては、きわめて苦々しそうに苦言を呈した。制約が多く、かつ通常公使に対応するのは下級職員であり、中立国とドイツの代表部に対する扱いとは著しく異なると主張した。

公使が言う、普段対応する下級職員とは、ポルトガル語に堪能な相田カイシャ氏である。

相田氏は、以前公使にポルトガル語で書いた自作の文学作品を進呈したが、公使は読んでくれないと不満をもらしていた。公使との話の中で、私がこの点に軽く触れた際、相田氏は無能な人物であり、かつ彼の作品は取るに足らないものであると公使は答えた。公使のいう制約に関しては、これはすべての中立国に共通のものである。公使は、日本の関係官庁に対して、常に中立国を代表して苦情を申し立てたとも私に語った。

私はそれに対し、公使がそのように苦情を持ち込むたびにマカオでは米やパンなどが不足し、マカオに関する日本国政府の未決事項の解決はさらに遅れ、それらを解決する〔日本政府の〕意欲さえも減退させるものであると説明した。

公使はさらに、サイオンの件に関しては〔日本政府に〕一度圧力をかけたことがあり、その後ようやく日本政府が行動を起こしたとも言った。この主張に対しては、公使の一連の行動はきわめて興味深いものであるが、一旦国交が断絶した場合、外交官である公使が受ける影響はそれほど大きくはないであろうが、マカオとチモールの人々はそのことによって鉄条網に囲まれた土地で生活することを余儀なくされることになると、私はわが国公使に伝えた。

公使は物腰は上品だが、確固たる自己を持つ人物であると私は確信した。在京ポルトガル公使の介入を必要とする日本政府との案件に対し、この公使が関わることによって、その解決が複雑化したことは想像出来る。

暗号に関しても、〔現在使用中のものが〕すでに日本側に解読されている可能性も含め意見を交換した。私は、公使の同意が得られた時点で有効となる新しい暗号を持参していた。

さらに、香港にてフリゲート艦艦長のオクナ氏に手渡された、義理の兄弟のアブランシェス・ピント領事宛ての名刺も持参していた。しかし、公使はアブランシェス・ピント領事と会う機会をつくってはくれず、結局は公使のもとにカードを預けおくことにとどめた。香港に戻ってから、フリゲート艦艦長のオクナ氏に非礼を詫びつつ、公使から領事に〔カードは間違いなく〕手渡されたはずであろうと伝えた。

私が確認し得た限り、わが国の公使、領事、そして公使館の秘書官の関係はあまり友好的ではないようである。

その夜、大東亜相主催の夕食会が開催されたが、直前になって大臣は病気を理由に欠席し、代理として水野〔伊太郎〕南方事務局長が出席した。私は、大臣のこの突然の病気を、公使が取った行動に起因するものと考えている。公使は、招待を受けたときは、きっぱりと出席を拒否したにもかかわらず、直前になって出席すると言い出したのである。

夕食後、水野局長とチモールに関して意見交換の機会を得た。

事務局長は、比較的オープンな姿勢で、日本政府としてチモールにおいて何を行えばポルトガル政府は満足するのかと、私の意見を打診した。私は、その件に関する権限は、唯一、リスボンの政府のみが持っているため、個人的な意見しか言えないと断った上で質問に応じた。

私は、いかなる形であろうとも、日本軍がチモールに駐留している限りは、状況は常に不愉快なものであろうと思うと答えた。しかしながら、―？―ポルトガル人の生活を少しばかり楽にするために採るべき措置はいくつかあるとも付け加えた。事務局長はその内容を教えて欲しいと熱心に質問して来たので、最終的に、私は次のことが不可欠であろうと答えた。

― チモール総督と大臣〔植民地相〕間の暗号電文通信〔の再開許可〕。

― 物資供給及び原住民との接触の簡素化。原住民とポルトガル人の接触は日本側の物資調達にも寄与するものであり、日本にとっても有利となることでもある。さらに必要なのは共同で利用できるいくつかの用品と医薬品の支給。

チモール総督と植民地大臣間で交わされる暗号は、総督と在京代表部との間に交わされるものと同一かとも聞かれたが、これは知らないと答えた。この問いかけの真意を考えると、マカオと東京の代表部との間に新しい暗号が導入されたことは、きわめて有効であったと言える。

夕食後ホテルへ戻ると、淀川〔正樹〕総領事が大東亜相から私への贈り物を持参して待っていた。それらは、真珠のネックレスとブレスレットのセット、そして漆と金属で装飾されたジュエリーボックスであった。

少しばかり躊躇したが、それらを受け取ることにした。なぜなら、そのような贈り物をするのは日常的に行われているようであり、今までいくつかの贈り物を受け取りながらも、東京では辞退するのは意味がないと判断したからである。

7日朝、私とともにチモールを視察した日本側視察団の団長〔曾禰益〕と話す機会があった。その際、日本はチモールにおいて何をしたら良いのか、我々の交渉を―？―を希望するのかと、団長は〔大東亜省水野局長と〕同様の質問をして来た。さらに、日本を出発する直前にも、同趣旨の質問を福井〔マカオ〕領事から受けていた。

これらの出来事から私が明確に感じ取ったのは、日本国政府が私を満足させようと、または本報告書を作成するに当たって良い印象を〔私に〕残そうとする努力であった。

7日午前9時頃、京都行きの列車に乗った。駅頭には、空港到着時に待機していた（人々？）とともに日本政府のチモール視察団の団員達、そしてポルトガル公使が見送りのために来ていた。

同じ列車に、誰かは定かではないが皇族の子息と、ビルマの大使が乗っていた。戦争が始まってからアジアに建国された国々の大使と出会えたのは大変興味深いことであった〔1943年8月、ビルマに「独立」付与〕。日本とこれら国々の外交は非常に活発なようである。

列車の旅は順調に進んだ。

私が確認し得た限りでは、日本には実質的に利用されていない農地はないようである。町は間断なく続き、その人口密度は驚くべきものである。貧困は明らかに見て取ることが出来、大都市だけが都市計画に基づいているようだ。それよりも小さな町や村、集落などは昔ながらの趣を持っており人口密度も―？―のようである。さらに、それら集落の道路は狭く、衛生的とは言い難いように見える。全土にイギリス人とアメリカ人に対する憎悪の念が感じとれる。駅舎では、駅名の英語表記も廃止されたようである。アメリカ人が初めて来航した下田港に建てられていた記念碑も最近破壊された。

―？―に関しては、英語を話す日本人の割合による。イギリス、アメリカ製の商品はつねに最も好まれるものである。どのような会話においても、いかなる場合にもアメリカ人やイギリス人の話が出る。アメリカとアメリカ人は、すべての日本人の強迫観念のもとになっているようである。

京都には夕刻５時に到着し、都ホテルに投宿した。

日本の聖なる都市、京都には数多くの神社仏閣がある。毎月８日〔真珠湾攻撃の12月８日にちなみ興亜日と呼ばれた〕には、学生達が東洋で開戦が宣言された日を記念して行進する。

ホテルでは、同じ列車で到着した皇族の子息の出迎えが準備されていた。驚くべきは、〔出迎え人の〕礼服の型の多様性と数であった。それらは度を過ぎており、ばかげてさえいた。これは、ヨーロッパ式儀典を厳格に取り入れようとする貧しさの表れであった。

皇族の子息は午後３時に到着する予定であったようだ。なぜなら、軍需工場の工員に対する叙勲が執り行われるホテルの一室には、すでに朝９時から関係者が集まっていたからである。

京都の現代の顔は、他の日本の大都市と同じものである。防空壕は同じ形式のものであり、全市で人々は防衛訓練を実施し、〔他の大都市と〕同様の貧しさも見出せる。

非常に興味深いことに、日本から一歩外へ出ると日本人を例外として人々は皆、苦労を表情に浮かべ、粗悪な衣類を身につけて暮らしている。日本人は母国からの距離が隔たるにつれて、生活水準は上がり、非常に裕福な層と同じような生活を送っている。さらに、英語の理解度に応じてその生活水準は上がり、着る物も良くなるようである。

8日の午後８時52分、相田秘書官に伴われ、また京都で私の到着を待っていた福井領事とともに博多行きの列車に乗り込み、翌日〔16日〕の午前10時45分に博多に到着した。日本のホテル―？―は屈辱的なものであった。―？―であり、政府の命令によって休日はきちんと守られなくなっているにもかかわらず、役所には誰もいなかったのである。

10日朝、自動車で福岡へ向かい、午前８時に台湾行きの旅客機に搭乗、―？―時50分台湾に到着した。悪天候下での空の旅は非常に不快で、危険であった。同日に香港へ向かうつもりでいたが、悪天候がそれを阻んだ。そこで、以前に投宿したホテルに宿を取った。タイ国大使も同じホテルに投宿した。

福井領事は、リスボン政府と日本政府が協議を開始する前に、チモールにおいていくつかの優遇策を開始することを日本政府が決定したと伝えて来た。

11日の午前８時15分に香港行き飛行機に乗り、11時半に香港に到着した。今回の旅行中、最悪の飛行であった。天候は非常に悪く、何の安全装置もなく、飛行機は海面から100メートルの高度を飛行したのである。

香港では、私が執拗に〔日本側当局に〕要請した結果、二人の日本人職員が同席することを条件に、香港在住ポルトガル人協会会長と面談することが出来た。面談ではこれと言った成果は得られなかったが、香港在住ポルトガル人協会会長の〔日本人に対する〕恐怖は悲痛にみちたものでさえあった。同席した日本人が会話の一部始終を理解できるよう、私達はすべて英語で話した。

夜には、スナガシ少将主催の夕食会が催され、陸軍と海軍の代表者が出席した。スナガシ少将は、―？―における物資供給及び輸出入の実質的な担当者であり、その部門の長でもあった。この少将と彼が担当する分野に関して長時間話をしたが、香港の当該機関は所管の問題を解決するための知識もなければ、策もないことが明白に感じ取れた。住民に対する食糧の割当はすでに底をついており、必要に迫られた人々は市場にて言い値でそれらを購入せざるを得ない状況におかれていた。

日程の変更は最後の最後まで繰り返され、当初午前中に予定されていた香港出発は午後５時20分に、そして最終的に午前０時―？―に変更された。その結果、私はシンコウ洋行社の船舶に乗船することになり、―？―同日の夜明け頃にマカオに到着した。

結論

報告を終えるに当たり、私が到達した結論を大きく次の二つに分けて論述する。

1）日本及び占領地

2）チモール

第一部
日本及び占領地

A）日本

私の観察したところ、日本国民は戦争がもたらす苦労を前向きに受け入れているようである。天皇に対しては神秘的感情をいだいており、勝利のためにすべての国民は意欲を持って労働に従事している。

生活水準は非常に低く、犠牲も極めて大きい。ほとんどすべての活動が軍需産業と国防に向けられ、他の活動は停止している。実際、すべての工場で昼も夜も操業が続けられている。命令は絶対的であるようだが、生活必需品や原材料の不足は極めて深刻で、日本国民の耐久力に私は疑問を持った。

空襲に対する防護訓練は頻繁に行われているが、日本はこの空襲にも抗することはできないであろう。防空壕は機能を果たさないような代物である（防空壕建設のためのセメントがないと思われる）。空襲による火災が発生するにつれ、人々の士気は動揺し、〔日本の〕崩壊は急速に起こるのではないかとの印象を持った。

軍の宿営地を含め、街中で兵士を見かけることはあまりない。私が訪問した場所では、〔軍人の〕往来は少なかった。このことからは、まるで戦争状態にはないように思われた。おそらく、日本国内にはそれほど多くの予備軍は残っていないのではないかと考えられる。

アジアに新たに建国された二つの国家〔1943年に「独立」を付与されたビルマ、フィリピンを指すものと思われる〕との―？―活動は非常に活発であり、―？―これらの国々の大使と同地に駐在する日本大使―？―はコンスタントに活発に―？―いる。しかしながら、私が接した日本人は、これらの国々の人々を重んじてはおらず、彼らの〔日本に対する〕忠誠を信じてもいないようである。

何人も日本人〔の行動〕に耐えることは出来なく、また日本人もこの点に関して幻想を抱いてはいないようである。

B）占領地

占領地において日本は非常に大規模なプロパガンダを展開している。そこかしこに新しいアジアの地図が見られ、新しい国々の旗が掲げられている。非常に興味深いのは、いかなる地図にも宣伝用の印刷物にも、ポルトガル領チモールは、日本の占領地としては描かれていないことである。

しかしながら、このようなプロパガンダが展開されつつも、それは何の効果も生んでいない。なぜなら、〔そこに書かれている〕言葉と現実は、まったく連動していないからである。

私が訪れた地の経済・社会活動は停止状態にあり、日本人によって築かれた恐怖体制を明確に見て取れた。誰も日本人のことを好いてはおらず、日本人が好んで使うホテルから住民は身を遠ざけている。住民たちは、日本人が「力」を持っているために彼らを受け入れ、服従している〔に過ぎない〕。軍事的には、私の目から見て羨望を覚えるような状況ではない。日本軍は広く拡散したが、現在それを守る兵は少ないようにみえる。船舶はどこにも見当たらず、それ故物資の補給が不可能であるか、または非常な困難に直面しているようだ。

最も多くの部隊を目撃したのはマニラであった。日本より多くの部隊が駐屯しているのではないかと思えるほどであった。私が視察した中では、日本の部隊が最も集中している地がマニラであろう。

〔軍の〕規律は完璧のように見えた。軍人はきちんとした軍服を着用し、支給された武器は十分に手入れされているようである。部隊の秩序維持も注意深く徹底されているようである。いかなる場面においても、陸軍と海軍の確執は明らかである。両軍とも船舶や航空機が大きく不足する中で戦っているのであろう。事故で多くの航空機が失われていると考えられる。なぜなら航空機は有視界飛行に頼っており、防御〔システム〕もなければ無線による連絡すらできていない。飛行場では、航空機の残骸を目撃するのはめずらしくない。おそらく、すべてが再利用されていると思われる。

第二部
チモール

日本人による暴力行為はあったが、オーストラリアに避難した人々の言っていることには誇張がある。残念ながら証拠は提示出来ないが、原住民の反乱に関しては日本人に責任があると私は確信している。原住民は、我々に対してではなく、まだチモールに駐留していたオーストラリア人〔軍〕に抵抗して活動したのかもしれない。しかし、ひとたび武器を獲得し、力を得たと感じてからは、略奪行為に走ったのではないかと思える。

〔日本軍の侵攻の〕初期段階では暴力的な行為があったとの日本の主張には、ある程度の根拠があるのではないかとも思われる。多くのポルトガル人は自分たちがポルトガル人であることを忘れて、チモール総督の命令に背き、オーストラリア人に追従したのである。われわれポルトガル人からみれば、オーストラリア人もわが国の領土を侵略したことでは日本人と同じである。これらポルトガル人の中で、とくに植民地を放棄した高官に対しては特別に厳しい非難が向けられるべきである。

チモール総督閣下は、〔自らが〕置かれた状況と許される範囲で、私の考えるところでは、つねに国家を念頭に置きながら最善を尽くしたと思える。〔チモール総督に対する〕日本人の告発は、実際に起こった事実に基づいているかもしれない。しかし、告発には正当性はない。日本側はかなりの数の事実〔証拠〕を提示したが、それらに対する責任は、権限を有するチモール総督の指示に背いて実行し、関与した人々にある。しかしながら、これらの告発が私に提出されるまでの遅れを考えると、我々は日本側の言い分を認める必要はまったくない。

しかしながら、チモールにおける日本人は、〔彼らが他の地域で〕常に行使していたほどの暴力には訴えなかったようである。彼らが、〔ポルトガル人〕狙撃兵の命を奪わなかったこともあった。

チモールにおけるポルトガル人の状況は改善された。

しかし、物資は不足している。総督閣下が指摘した物資の中で、日本人が供給可能な物資を次に挙げる。

「紙、タイプライター用インクリボン、医薬品、外傷用の医療品、衣類、履物、糸、縫い針、靴紐、革、小さな釘、綿布、ならびにガソリン。」

在京のわが国公使の日本人に対するスタンスは、如何なる案件であれ、その問題解決を困難にしている。わが国公使に対する告発としてではなく、事実として報告の中に四つの事例を挙げた〔この点に関する史料はない〕。

チモールにおいては、賞賛されるべき行為も行われており、私に課せられた義務として以下にそれらについて報告する。

アイレウにて死亡したフレイレ・ダ・コスタ大尉とオリヴェイラ・リベラット中尉はいかなる緊急状況下においても、課せられた義務を誇り高く遂行した。原住民に殺害されたメンデス・デ・アルメイダ行政官も同様であり、チモール総督閣下の忠実かつ献身的な協力者である総督官房長ナシメント・ヴィエイラ大尉、そして個人秘書のフランシスコ・アルヴェス中尉もそれぞれ名誉をもって各自の義務を果たした。アルトゥール・カントも、いくつかの場面で非難されるべき行動を取ったが、愛国心に突き動かされて躊躇することなく命がけで任務に取り組んだ。

アドルフォ・タローゾ・ゴメス一等財務官は、可能な範囲で公庫局の有価証券及び書類を守ろうと思慮深く行動し、幾度も私心なくかつ極めて謙虚に行動したことは、あらゆる賞賛に値するものである。ナショナル・ウルトラマリノ銀行〔今日の中国語表記では大西洋銀行〕支店長のジョアン・ドゥアルテは、危険を顧みずに銀行を守った。一等軍曹のアントニオ・ジョアキン・ヴィセンテは、二度も逮捕されながらもつねに精力的に、そして献身的に活動した。

ポント氏はマウビッセへのボランティア・グループを指揮した。このグループは、以下の人たちから構成された。「祖国と労働農業協会」会長のジェイメ・モンタルヴァォン・ダ・シルヴァ・カルヴァーリョ、そしてその職員の―？―コロンニャ・デ・レモス、アントニオ・カジミロ、ジョゼ・カジミロ、ジョゼ・ガルッショ及びアントニオ・アルヴェス・カルヴァリェイラ、歩兵隊一等伍長アガピト・ドス・アンジョス、小学校教員ヴィクトル・ドゥアルテ・サンタ、市役所職員アントニオ・ドス・サントス、行政出張所長フランシスコ・デ・サーレス・デ・アンドラデ及びカストロ・ボテーリョ・トレザォン、歩兵隊兵士サウル・ヌーネス・カタリーノ、看護士ダニエル・グレゴリオ・マデイラ、国外追放者のシジュアネス・ヴィエガス、ラウル・オノーリオ及びエルメネジルド・ゴンサルヴェス・グラナデイロ、軍曹ドミンゴス・ダ・ルス・カルヴァーリョ、アビリオ・ゴンサルヴェス・デ・フレイタス、ジョゼ・ミランダ・レルヴァス及びジョゼ・マリア・モルタグア、伍長アルベルト・ピント、マヌエル・ロドリゲス、スィマォン・エステーヴェス・コロンニャ、フェルナンド・マガリャンエス・コルヴェーロ、志願兵の—？—ジョゼ・ドゥアルテ・サンタ及びドミンゴス・アフォンソ・リベイロ、秘書官マテウス・デ・セナ・バレット、国外追放者のジョゼ—？—、ジョゼ・ダ・ローザ、アントニオ・アウグスト・ドス・サントス及びセラフィン・カレッタ、民間人のクラウディオ—？—であった。

さらに、ほとんどの航程の飛行を担当した日本人パイロットのシゾオクラ〔大蔵〕は、私に対して比類のないほど注意深い配慮を怠らなかったことも書き添えなければならない。この人物に対しては何らかの勲章を授与するのも良き政治的配慮かもしれない。

報告を終えるに当たり、〔マカオ〕総督閣下には、本視察の任務に私の名を〔本国の植民地〕大臣閣下に進言下さったことに御礼を申し上げるとともに、私に対して全幅の信頼を寄せていただいたことに感謝申し上げます。

託された任務と指示を完全に遂行・達成すべく努力したと私は信じており、かつ国家のために最大の努力を払ったと確信致しておりますが、私による任務遂行の可否は、総督閣下ならびに大臣閣下の評価如何によるものと存じます。

報告終了

報告書中に転記ないし添付した書類の他、次の書類を用意しておりますので、必要と思われる際はご連絡下さい。書類8及び9「チモール総督閣下に提出された質問表とチモール総督閣下の回答」、書類11「カルロス神父による宗教活動の報告」、書類17「チモール総督閣下が日本総領事に宛てた10月5日付挨拶への返礼を伝える書類」、書類18「チモール在住のポルトガル人のリスト」、書類19「植民地を不在にしているポルトガル人のリスト」、書類20「戦後〔日本軍侵攻後〕に死亡したポルトガル人のリスト」、書類22「ターロにてオーストラリアへの逃亡を共謀した人々のリスト」、書類23「郵便局長の要請文のコピー（夫人が受けた数多くの傷害に関する長文の書類）」、書類32「ディリ郡行政官のロウレンソ・デ・オリヴェイラ・アギラールに対する処罰」、書類33「ラウローラ地区機関長のドミンゴス・ヴァスに対する懲戒処分」、書類34「バザールテテ地区機関長のセーザル・モレイラ・ラットに対する懲戒処分」（尚、上記の三つの処分に関しては報告の中ですでに触れておりますが、何れの告発にも根拠がないとして、何等懲罰は科せられておりません。）

南方軍政関係資料㊳

日本軍占領下の東ティモール視察復命書
—日本・ポルトガル両国当事者の記録—

2005年9月第1刷 発行

税込価格 4,400円
(本体価4,000円)

編　　者　東ティモール日本占領期史料フォーラム(代表 後藤乾一)
発行者　北　村　正　光
発行所　株式会社　龍　渓　書　舎

〒173－0027 東京都板橋区南町43 — 4 — 103
TEL 03 (3554) 8045 振替 00130－1－76123
FAX 03 (3554) 8444

落丁、乱丁本はおとりかえします。
ISBN4-8447-5482-3

印刷：勝美印刷
製本：高橋製本